KB270541

SPARKNOTES™

다락원 | Spark Publishing

자유론

On Liberty

존 스튜어트 밀

SPARKNOTES™ 011

자유론

펴낸이 정효섭
펴낸곳 (주)다락원

초판 1쇄 인쇄 2009년 2월 10일
초판 1쇄 발행 2009년 2월 17일

책임편집 안창열
디자인 손혜정
번역 고광식
표지삽화 손창복

다락원 경기도 파주시 교하읍 문발리 509-1
내용문의: (031)955-7272(내선 400)
구입문의: (02)736-2031(내선 112~114)
Fax:(02)732-2037
출판등록 1977년 9월 16일 제300-1977-23호

Copyright ⓒ 2009, 다락원

출판사의 허락 없이 이 책의 일부 또는 전부를
무단 복제 · 전재 · 발췌할 수 없습니다.
잘못된 책은 바꿔 드립니다.

값 7,000원

ISBN   978-89-5995-176-5 43740

http://www.darakwon.co.kr
일이관지(一以貫之) 논술팀이 제시한 실전 연습문제 답안작성
논술가이드는 www.darakwon.co.kr에서 무료 제공합니다.

세계의 교양을 읽는다

고전을 왜 읽는가?

인간의 삶과 세상에 대한 영원한 물음이 있기 때문이다. 시대와 사상을 뛰어넘어 지금 여기 우리에게 필요한 물음이 없는 고전은 더 이상 고전이 아니다. 인간과 삶에 대한 근원적인 물음 없이 고전을 읽는다면 자신과 인간에 대한 성찰과 지혜로 이어지지 않는다. 논술 시험 때문에, 과제물 때문에, 아니면 남들이 읽으니까, 나도 읽는다는 식이라면 그 책은 죽은 책일 수밖에 없다.

고전을 살아 있는 책으로 만드는 이 '물음!'에 답하기 위해서는 좋은 길잡이가 필요하다. 오랜 기간 동안 미국의 고교생과 대학 주니어들이 시험, 에세이 작성, 심층토론 준비를 위해 바이블처럼 애용해온 'SPARKNOTES'와 'CliffsNotes'는 바로 그런 좋은 길잡이의 표본이다. 이 두 시리즈가 원조 논술연구모임인 '일이관지(一以貫之)' 팀의 촌철살인적 해설을 곁들여 논술로 고민중인 대한민국 학생 여러분을 찾아간다.

SPARKNOTES와 CliffsNotes의 가장 큰 장점은 방대하고 난해한 고전을 Chapter별로 요약하고 분석해서 원전의 내용에 보다 쉽고 체계적으로 접근하는 신속·간편성이라고 할 수 있다. 여기에 '一以貫之' 팀이 원전의 중요한 문제의식, 즉 근원적 '물음'은 무엇이며, 그 '물음'은 오늘날에도 여전히 유효한가, 라는 질문을 다시 던진다.

대입논술로 고민하고, 자칭 타칭의 고전이 넘쳐나는 오늘의 독서풍토에서 지적 정복이 긴박한 대한민국 학생들에게 감히 이 시리즈를 자신있게 권한다.

一以貫之 논술연구모임 연구실장 이호곤

차례

이 책의 구성

SPARKNOTES와 CliffsNotes는 방대하고 난해한 원작을 보다 쉽게 이해할 수 있도록 돕는 안내서입니다. 여기에는 원작 이해를 돕기 위해 매 장마다 '요점 정리(또는 줄거리)'와 '풀어보기'가 실려 있습니다. '요점 정리(또는 줄거리)'에는 원저의 내용을 일목요연하게 정리해 놓아 저자가 전달하려는 내용을 어렵지 않게 파악할 수 있습니다. '풀어보기'에서는 철학서의 경우, 원저에 담긴 저자의 사상이나 관련 철학, 시대 상황, 논점 등을, 문학 작품인 경우에는 원작에 담긴 문학적 경향, 등장인물의 심리상태, 주제 등을 설명해 놓았습니다. 분석적이고 비판적인 글읽기의 바탕이 되는 요소들이죠. 비소설이나 소설을 막론하고 분석적이고 비판적인 글읽기는 독자에게 꼭 필요한 자질입니다.

그밖에도 원저를 좀더 깊이 복습해서 제대로 소화할 수 있도록 돕기 위해 'Study Questions'와 'Review Quiz' 등을 마련해 놓았습니다.

* 〈 〉는 철학서, 장편소설, 중편소설, 수필집, 시집. " "는 단편소설, 논문
* 작품명은 독자의 이해를 돕기 위해 예외적인 경우를 제외하고는 영어식으로 표기함.

● 일이관지(一以貫之) 논술노트

권말에는 일이관지 논술팀에서 작성한 논술노트가 실려 있습니다. 원저를 우리의 삶과 연계시켜 비판적 사고와 논리적 글쓰기의 방향을 제시합니다.

● 실전 연습문제

논술예제와 기출문제를 통해서는 원작을 바탕으로 출제 가능성이 높은 논점을 함께 숙고해 봅니다.

간추린 명저 노트

존 스튜어트 밀 John Stuart Mill(1806-73)은 영국의 철학자이며 경제학자다. 1859년에 가장 유명한 저서 가운데 하나인 〈자유론 *On Liberty*〉을 집필한 밀은 아버지 제임스 밀에 의해 철저한 공리주의자로 키워졌다. 그는 어린 시절 엄격한 교육을 받았으며, 21세에 자신의 신념에 대해 의문을 품기 시작하면서 걸린 신경쇠약으로 고통받기도 했다. 나중에는 공리주의*가 너무 비감정적이고 '더 큰' 기쁨을 얻거나 이해하는 데 실패하고 있다는 관념과 투쟁했다. 〈자유론〉은 공리의 의미를 확장하고 공리주의가 권리를 강력하게 보호할 수 있다는 것을 보여주는 시도로 이해될 수 있으며, 개성은 보호되고 양육되어야 하는 어떤 것이라는 밀의 열정적인 신념을 반영하고 있다. 이처럼 밀은 이 책을 통해 사회가 남들과 다른 것을 용납하지 않고 엄청나게 짓누르고 있다는 사실에 혐오감을 드러낸다. 〈자유론〉은 밀의 사회적·정치적 글쓰기의 일례에 불과하고, 이밖에도 〈대의

---

* **공리주의**(utilitarianism): 18세기 말과 19세기의 영국 철학자이자 경제학자 제레미 벤덤과 존 스튜어트 밀에서 비롯된 윤리학 전통. 그 근본 원리에 따르면, 행복을 증진시키는 경향을 가지는 행위는 옳은 행위이고 반대의 경우는 그른 행위다. 여기서의 행복은 행위자가 아니라 그 행위의 영향을 받는 모든 사람의 행복.

정부론 *Considerations on Representative Government*〉, 〈여성의 종속 *On the Subjection of Women*〉, 〈정치경제학 원리 *The Principles of Political Economy*〉 등을 집필했다.

　〈자유론〉은 적어도 부분적으로는 영국 빅토리아 여왕 시대의 산물인 동시에 이 시대에 대한 반응으로 이해되어야 한다. 이 시기는 근면하고 검소하고 '존경받을 만한' 행동과 행위를 강조하는 한 묶음의 특이한 사회적 가치(소위 빅토리아 시대의 가치)에 의해 특징 지워졌다. 이 가치들은 한때 얼마간의 비판을 받았지만, 많은 공감을 얻었다. 빅토리아 여왕시대는 또한 때때로 당대의 가치들을 사회 전역에 장려하려는 희망을 반영한 금주운동 같은 일련의 개혁운동이 특징이었다. 그러나 밀은 이런 사회제도들이 제한적이어야 한다는 것을 깨달았고, 이 제도들의 극히 소모적인 본질이 인간에게 심각한 문제가 된다고 생각했다.

밀이 〈자유론〉을 집필하면서 염두에 두었던 사명은 아마 〈자서전 *Autobiography*〉에서 그 작품을 어떻게 논하는지를 살펴보면 가장 잘 이해할 수 있을 것이다. 그는 〈자유론〉이 "인간과 사회에는 매우 다양한 유형의 개성이 중요하고, 인간 본성에 완전한 자유를 부여해서 그것 자체가 수없이 많고 상충되는 방향으로 확장하는 것이 중요하다"는 사실을 보여줄 것으로 생각한다고 적고 있다. 〈자유론〉에는 전반적으로 개성에 대한 찬양과 사회적 일치에 대한 경멸이 퍼져 있다. 밀은 합법적 강제나 사회적 압력을 통해 대중의 의견과 행동을 강압하려는 시도를 거부한다. 강압이 받아들여질 수 있는 유일한 때는 누군가의 행동이 다른 사람들에게 해를 끼칠 경우이고, 그렇지 않다면 사회는 다양성을 존중해 주어야 한다는 것.

밀은 공리주의적 접근을 통해 자유의 가치를 정당화하고, 모든 사람과 전체로서의 사회에 대해 자유가 갖는 긍정적인 효과를 보여주고자 한다. 그리고 특히 자유를 진보하는 능력과 사회의 정체(停滯)를 회피하는 능력에 연결시키고 있다. 의견의 자유는 두 가지 중요한 이유 때문에 가치가 있다. 첫째, 대중적이지 않은 의견이 옳을 수 있다. 둘째, 만약 그 대중적이지 않은 의견이 잘못되었다면, 사람들은 반박을 통해 자신들의 의견을 더 확실하게 이해할 수 있을 것이다. 행동의 자유 역시 똑같은 이유로 바람직하다. 체제에 따르지 않는 사람들이 옳을 수도 있고, 아니면 그들이 타인에 대해서는 그렇지 않을지라도 자신의 욕구에 가장 잘 맞는 생활방식을 가질 수도 있는 것이다. 게다가 그들은 사회적인 자기만족에 경고장을 내밀고, 사회가 정체되는 것을 막아준다.

밀의 주장은 다섯 개의 장으로 전개된다. 1장은 자유의 의미에 대해 간단히 개관하고, 타인에게 해를 끼치지 않는 범위에서 자유를 존중해 주어야 한다는 기본적인 논거를 제시한다. 2장과 3장은 의견과 행동의 자유가 중요한 이유를 상술한다. 4장은 사회가 개인에 대해 가질 수 있는 권한의 적절한 한계를 논한다. 5장은 자신의 주장을 명확히 하기 위해 자신의 이론을 적용해 몇 가지 사례를 들고 있다.

〈자유론〉은 자유의 한계가 전반적으로 애매하고, 개별성을 지나치게 강조하고, 자기 자신에게만 해가 되는 행위들과 타인들에게 해를 끼치는 행위 사이를 유용하게 구별하지 못했다는 비판을 받아왔음에도 불구하고, 사회를 위한 긍정적인 선으로서의 비순응을 열렬하게 옹호하고, 그 누구도 이런저런 삶의 방식이 살아가는 최고 혹은 유일한 방법이라고 완벽하게 확신할 수 없다는 것을 상기시키고 있다.

● **자유** liberty | 밀은 자유를 시민적 자유와 사회적 자유를 포함하는 것으로서 '개인에 대해 사회가 합법적으로 행사할 수 있는 권력의 본질과 한계'라고 정의한다. 사회는 타인들에게 해를 끼치는 행위에 대해서만 권한을 행사할 수 있고, 그 외에는 개인의 자유에 대한 파기라고 주장한다.

● **다수의 횡포** tyranny of the majority | 민주국가에서 다수가 그들의 의지를 소수에게 강요할 수 있다는 개념. 밀은 이 행위가 사회구성원인 소수의 주장을 침해할 때 '전제적(專制的)'인 것이 된다고 믿고 있다.

● **사회계약** social contract | 사회는 사람들이 명시적으로나 묵시적으로 그 일부가 된다는 사실에 동의하는 어떤 것이라는 개념. 루소의 〈사회계약론 *The Social Contract*〉에서 처음으로 공식화된 사회계약 이론은 사람들이 국가가 형성될 때 존재했더라면 사회에서 보호하기로 동의했을 것들을 권리로, 책임으로서 떠맡기로 동의했을 것들을 의무로 정의한다.

● **무오류**(無誤謬)/**오류**(誤謬)의 infallible/fallible | 실수하거나 틀릴 수 없는 실수하거나 틀릴 수 있는.

Chapter별 정리 노트

Chapter 1
서론

　밀은 이 책의 중심 주제를 시민의 자유 또는 사회적 자유의 영역에 제한하면서 시작한다. 사회가 개인을 상대로 정당하게 행사할 수 있는 권력의 성질과 한계를 살펴보겠다고 적고 있는 것. 밀은 당시까지는 이 문제가 그다지 제기되지 않았고 이론적 차원의 논의도 없었지만 문명이 발전하고 인간의 삶이 계속 진보하면서 점차 미래의 중요한 현안으로 부각될 것이라고 예견한다.

　이어 밀은 자유와 권력의 다툼을 통해 자유라는 개념의 발달에 대해 살펴본다. 고대 그리스, 로마, 영국에서 자유는 '정치 권력자의 전횡으로부터 보호받는 것'을 의미했고, 권력자와 신민은 때때로 불가피한 적대관계를 갖는다고 여겨졌다. 세습 또는 정복을 통해 권력을 잡은 지도자는 신민의 의지에 따라 통치하지 않았고, 그 권력은 필요한 것으로 간주되었지만 위험한 결과를 초래할 수도 있었다. 즉

외적의 침략을 막는 데 쓸 수도 있겠지만, 신민의 압제에도 사용할 수 있었기 때문. 따라서 애국자들은 최고 권력자의 힘을 두 가지 방식으로 제한하려고 했다. 1) '정치적 자유 혹은 권리'라고 불리는 불가침 영역을 설정하고, 만약 권력자가 이 영역을 침범하면 인민의 자유와 권리가 침해된 것으로 간주하고 저항권(국지적 저항이나 전면적 반란)을 인정한다. 2) 국가의 중요한 통치행위에 대해 구성원 또는 그들을 대표하는 기관의 동의를 얻도록 헌법에 규정한다. 유럽의 최고 권력자들은 정도의 차이는 있어도 대부분 첫 번째 제한은 따르지 않을 수 없었다. 그러나 두 번째 경우는 사정이 달라서 좀더 완벽한 제한을 가하는 것이 자유찬미자들의 목표가 되었다.

마침내 대중은 권력자들이 대중의 이익을 위해 봉사하는 일꾼이나 대리인이며, 마음에 들지 않으면 언제든지 교체할 수 있는 존재라고 인식하기 시작했다. 이제 지배자와 인민이 하나가 되고, 지배자의 이익과 의지가 국가 전체의 그것과 하나가 되어야 했다. 따라서 지배자가 인민에게 책임을 지고 인민이 스스로를 탄압할 우려는 없을 테니까 이런 새로운 종류의 지배자 권력을 제한할 필요가 없어졌다. 권력이 지배자에게 집중되어 있고 그가 행사하기 용이한 형태를 띠고 있지만, 사실상 인민의 권력인 것. 그러나 실제 민주공화국(미국)이 세워졌을 때, 인민은 스스로를 통치하지 않는다는 것을 깨닫게 되었다. 오히려 권력을 가진 인민들이 권력이 없는 인민에게 권력을 행사하고 있는 것이다. 특히 다수는 의식적으로 소수를 억압하려고 든다. 밀은 이런 다수의 횡포 개념이 주요 사상가들에 의해 받아들여졌고 사회 전체가 경계해야 할 커다란 해악 가운데 하나라고 말하면서도, 사회 역시 정치적 수단을 사용하지 않고도 횡포를 부릴 수 있다고 주장한다. '여론'의 힘이 다른 어떤 법률보다 더 억압적으로 그 어떤 개별성이나 다른 의견도 발전하지 못하도록 방해하고, 마침내는 모든 사람의 성격이나 개성을 사회의 표준에 맞도록 획일화시킨다는 것. 그러나 집단의 생각이나 의사가 일정한 한계를 넘어 개인의 독립성에 함부로 관여하거나 개입해서는 안 되고, 그 한계를 명확히 하여 부당한 침해가 일어나지 않도록 하는 것은 정치적 독재의 방지만큼이나 중요하기 때문에 우세한 여론에 반대하는 사람들과 사회의 가치를 타인들에게 강요하는 경향에 반대하는 사람들은 반드시 보호해야 한다.

문제는 개인의 독립성과 사회의 통제 사이에서 어떻게 적절한 접점을 찾을 것이냐, 하는 점이다. 이 질문에 대한 답은 시대와 나라에 따라 거의 의견이 다르고, 대중은 반대 의견을 다룰 때 당시의 관습을 믿고 따르면서 전혀 의심하지 않는다. 거의 모든 사람들이 빠지기 쉬운 이런 착각은 관습이 빚어내는 무서운 부작용 가운데 하나라고 할 수 있다.

관습은 감정의 문제이기 때문에 이성은 불필요하다고 믿어 왔던 것. 따라서 이성의 뒷받침이 없는 견해는 종종 사리사욕을 반영하는 선호(選好)에 불과하다는 것을 깨닫지 못하고, 자신의 감정이 지시하는 것, 자신 또는 자신과 비슷한 생각을 가진 사람들이 타인에게 바라는 것을 자기의 행동 원리로 삼는다. 게다가 개인들은 사회적 기준을 강요하는 여론에 의문을 제기할 경우에는 사회가 무엇을 좋아하고 싫어하는지를 묻지, 좀더 일반적으로 사회가 선호하는 것을 타인들에게 강요해야 하는가의 여부를 묻지 않는다. 영국에는 개인적인 행동에 대해 정부의 간섭이 옳은 것인지 그른 것인지를 판단할 수 있는 공인된 원칙이 존재하지 않는다. 그저 각 개인의 기분과 구체적 사안에 따라 각양각색이다.

중요한 주제들을 살펴본 밀은 소위 '이 책의 목적'으로 되돌아가서 개인들이나 사회 전체가 개인의 자유를 침해할 수 있는 유일한 경우는 자기 보호를 위해 필요할 때뿐이라고 천명한다. 어떤 법률이나 여론이 개인의 도덕적·물리적 이익이나 행복을 위한다는 명목 아래 강제적인 힘을 행사하더라도 완전하게 정당화될 수 없으며, 개인이 타인들에게 해를 끼치는 것을 막기 위해서만 정당하다고 할 수 있다. 누군가의 행위를 놓고 당사자와 논의하거나 간청할 수는 있지만 위협하거나 강제해서는 안 된다. 그러나 당사자에게만 영향을 미치는 행위에 대해서는 당연히 절대적인 자유를 누려야 한다. "개인은 저마다 자기 자신에 대해, 자신의 육체와 정신에 대해 주권자인 것이다."

자유의 원리는 다른 사람의 보호를 받아야 하고 자기 행동의 결과로부터도 보호받아야 할 처지인 어린이나 '미개' 사회(미성년자 취급)에는 적용되지 않는다. 국가의 초기 상태에서는 발전을 가로막는 장애가 너무 커서 다른 방법이 없을 때는 독재도 정당한 통치수단이 될 수 있는 것. 자유의 원리는 정신적으로 성숙한 사람들의 평등한 토론을 통해 진보를 이룰 수 있을 때만 성립되고, 그렇지 않다면 암묵적인 복종 외에는 달리 방도가 없다. 밀은 자유에 대한 요구를 추상적인 권리로 정당화하는 것은 아니고, 오히려 자유의 기반을 진보하는 존재인 인간의 항구적 이익에 근거한 효용성에 두고 있다.

만약 어떤 개인이 의도적이든 아니든 다른 사람들에게 해를 끼친다면, 사회가 법적으로 처벌하거나 비난해야 한다. 한편, 개인은 사회의 이익을 위해 필요한 행위나 심지어는 다른 사람을 위험에서 구하는 것과 같은 선행을 해야 하고, 이처럼 해야 할 일들을 회피할 때는 사회가 책임을 물을 수 있다. 왜냐하면 마땅히 할일을 하지 않음으로써 다른 사람에게 해를 끼칠 것이기 때문이다. 반면, 본인에게만 영향을 주는 행위, 또는 타인에게 영향을 주더라도 당사자가 자유롭게 동의한 경우에는 사회가 간섭하면 안 된다.

밀은 이러한 자유의 기본 영역을 세 가지로 나누고, 자유로운 사회는 모두 무조건 절대적으로 이것들을 존중해야 한다고 주장한다. 첫째, 내면적 의식의 영역. 즉 양심의 자유, 개인의 생각과 의견의 자유. 둘째, 자신의 기호를 즐기며 개성에 맞게 삶을 설계하고 원하는 대로 살아갈 자유. 셋째, 다른 사람에게 해를 끼치지 않는 한, 마음이 맞는 개인들과 자유롭게 결사(結社)할 수 있는 자유. 이들 세 가지 자유는, 자기 방식에 따라 자기의 도덕적·물리적 이익을 추구하는 것이 진정한 자유라는 사고방식을 반영한다. 단, 다른 사람의 똑같은 행위를 방해하지 않아야 한다. 혹여 자기 방식대로 살아가다가 잘못되어 고통을 받을 수도 있겠지만, 그것이 타인들에게 억지로 끌려가는 쪽보다는 결국 더 많은 것을 얻게 된다. 이런 생각들은 여론, 심지어 법의 힘을 통해 점점 더 개인에 대한 통제를 확대하려는 사회적 경향과 정면으로 모순되는데, 도덕적 신념이 이런 경향을 거역하지 않는다면 동화(同化)의 요구는 증가할 뿐이다.

서론은 밀이 주장하는 논거의 기본 구조와 몇 가지 중요한 가정을 포함하고 있기 때문에 이 책의 핵심 부분에 속한다. 밀은 무엇이 개인의 행동들을 통제해야 하느냐를 놓고 사회와 개인이 벌이는 투쟁을 문명으로 묘사하고 있다. 개인이 스스로에게 갖는 권력보다 사회가 법과 여론을 통해 개인의 행위와 사고에 대해 훨씬 더 많은 권력을 행사하는 쪽으로 점점 더 기울고 있다고 생각하는 밀은 그 같은 현상을 거부하면서 사회가 사회에 직접 영향을 미치는 행위들이나 타인들에게 해를 끼치는 행위들에 대해서만 통제해야 한다고 주장한다. 개인이 자신에게 해를 끼치거나 자기의 행복에 반해 행동한다고 해서 다른 사람이 간섭할 만한 이유는 되지 않는다는 것. 이 책은 그 이유에 대한 설명이 될 것이다.

밀이 개인의 생각과 행위에 대한 사회의 간섭을 거부하면서 법뿐만 아니라 '도덕적인 비난'에 대해서도 논한다는 점이 중요하다. 예를 들어, 만약 한 개인의 행동이 그 자신에게만 영향을 미친다면, 개인이나 집단이 그를 적으로 취급해서 그의 태도를 처벌하는 것은 온당하지 않다. 밀은 강압적인 의견의 정당성을 부인하면서 자유 영역을 과감히 확대하고 있다. 밀이 왜 그 태도에 대한 대중의 비난에 그토록 비판적이고, 아울러 사람들에게 싫어하는 행위를 비난할 수 있는 방법들을 남겨두는지에 대해서는 뒷장들에 주의를 기울이면 그 대답이 나올 것이다.

진보라는 관념은 이 책의 핵심 주제이고, 1장은 그 주제에 대한 몇 가지 생각을 반영하고 있다. 밀은 개인들과 전체 사회가 개선될 수 있다고 믿고, 이런 사고방식에 맞춰 명백한 가치 층위에 존재하는 다양한 사회에 대해 숙고한다. 야만사회는 어린아이 같고, 자치라는 필수 도구가 없기 때문에 어린이처럼 보살피면서 통치하면 언젠가는 자신의 자유를 행사할 수 있게 될 것이다. 밀은 진보와 문명을 명백한 이익이라고 간주하면서도 진보와 더불어 동화(同化)가 이루어진다고 근심하고, 뒷장들에서는 그 같은 동화가 개인과 사회의 후속적인 진보를 손상시킬 수 있다는 사실을 보여주려고 한다.

서론에서 밀은 자신의 자유에 대한 정당화를 공공연하게 공리주의적이라고 부른다. 얘기인즉슨, 자기의 자유 옹호론은 로크*가 제안한 것과 같은 자연권이나 칸트**가 제안한 것과 같은 형이상학적 주장에 근거하지는 않겠다고 터놓고 밝히는 것. 밀은 논거의 바탕을 무엇이 인간에게 최선인가에 두고, 그것을 통해 인간의 자유가 갖는 개인적·사회적 이익을 보여줄 것이라고 암시한다.

---

* **로크**(John Locke. 1632-1704): 영국의 초기 계몽철학자이자 경험철학의 원조. 평등하게 태어난 자연 상태의 인간은 모두 생명, 자유, 재산에 대한 천부적 권리를 보장받아야 하며, 자연 상태가 안고 있는 분쟁의 소지를 극복하고 이들 권리를 향유하기 위해 스스로 동의한 계약에 의해 자연 상태에서 시민사회로 전환된다고 주장. 주요 저서는 〈인간 오성론〉 등.

** **칸트**(Immanuel Kant. 1724-1804): 독일 철학자. 데카르트의 합리주의(도덕·이성·논리가 일체를 지배한다고 보고 비합리와 우연적인 것을 배척)와 베이컨의 경험주의(관찰과 실험을 중시)를 종합해 비판철학을 탄생시켰다. 주요 저서는 〈순수이성비판〉 등.

Chapter 2
생각과 토론의 자유에 대하여(1)

2장에서 정부나 사람들의 의지에 의해 다른 사람의 의견표명을 강제하거나 제한하는 것이 허용되어야 하는지에 대한 문제로 돌아온 밀은 그런 행동이 불법이라고 힘주어 말한다. 비록 단 한 사람이 특이한 의견을 가졌다고 하더라도, 대중이 그를 침묵시키는 것은 정당화될 수 없다. 그 의견을 침묵시키는 것이 나쁜 이유는 '현세대와 미래 세대의 인류 전체'를 유린하는 것이기 때문이고, 특히 침묵시킨 의견과 견해를 달리하는 사람들(즉 의견을 침묵시킨 사람들)도 유린당하는 셈이 된다. 비록 잘못된 의견이라도 그것을 억압하면 틀린 의견과 옳은 의견의 대비를 통해 진실을 더욱더 명확하게 드러낼 수 있는 기회를 놓치는 결과를 낳기 때문이다.

이어 밀은 침묵시킨 의견에 의해 인류가 상처받게 되는 이유를 밝힌다. 우선, 억압받은 의견이 진실일 수 있다는 것. 인간이란 존재는 오류를 범하지 않을 만큼 완벽할 수 없기 때문에 모든 사람을 대신해 어떤 문제를 결정하고, 아울러 다른 사람들의 판단 기회를 빼앗을 권한이 없다. 의견의 자유가 그토록 자주 위험에 빠지는 이유는 실제적으로 자기가 옳다고 가정하고 현실적인 문제에 관한 자신의 판단이 틀리지 않는다고 확신하는 경향 때문이다. 그리고 자기의 생각에 자신감이 없는 사람일수록 자기가 접촉하는 세계—정당, 집단, 교회, 계급 등—의 완전함을 믿고 의지하면서 진실일지 모르는 생각을 침묵시킴으로써 모든 사람에게 해를 입히게 된다.

첫 번째 논거를 제시한 밀은 자신의 추론에 대해 제기될 수 있는 비판을 검토하고 답한다.

첫째, 비록 사람들이 틀릴 수 있지만, 여전히 '양심적인 확신'에 근거해 행동할 의무가 있다는 비판이다. 사람들은 옳다고 확신할 때도 비겁하게 그 확신에 따라 행동하지 않을 수 있고, 인류에 해를 끼칠 수 있는 신념이라고 믿으면서도 표현하도록 내버려두기도 한다는 것. 그러나 한 개인이 스스로 옳다고 확신할 수 있는 유일한 방법은 그의 믿음들을 부정하고 반대의견을 제시하는 완벽한 자유가 있을 때뿐이다. 인류의 생각과 행동이 지금처럼 이성적인 방향으로 발전한 것은 자신의 잘못을 고칠 수 있는 능력 덕분이고, 그것은 오로지 경험과 토론을 통해서만 가능하다. 인간의 판단은 비판에 열려 있을 때만 힘과 가치가 있다. 누군가가 자신의 생각이나 행동이 옳다는 확신을 가지려면, 끊임없이 여러 의견에 귀를 기울이고 다양한 처지에 있는 사람들의 시각으로 세심하게 요모조모 따져보면서 틀린 것은 고치고 부족한 것은 보충하는 습관을 길러야 한다.

둘째, 정부는 사회의 복리에 유용한 어떤 믿음들을 보호할 의무가 있다는 비판이다. 오직 '나쁜' 사람들만 이 믿음들을 훼손하려고 할 것이므로 이들의 못된 짓을 막는 것은 괜찮다는 생각이 퍼져 있는 것. 이 논거에 따르면, 어떤 믿음이 진리인지 아닌지가 아니라 유용성 여부를 기준으로 토론의 자유를 억압하는 것이 정당화되지만, 이것 역시 다른 형태의 무오류의 가정일 뿐이다. 어떤 믿음의 유용성에 관해서는 의견이 분분할 수 있으므로 진리 여부에 대한 판단만큼이나 여전히 자유롭고 치열한 토론이 필요하다.

어떤 문제에 대한 무오류의 가정은 어떤 믿음이 절대 확실하다고 느낄 뿐만 아니라 다른 사람을 대신해서 그 문제를 결정하려는 시도도 포함한다. 인류 역사에서 저질러진 가장 끔찍한 몇 가지 실수는 사회적 이익의 이름으로 반대 의견을 질식시킨 데 있다. 소크라테스와 예수 그리스도가 그 예라고 할 수 있다. 역사상 가장 뛰어난 이들 두 사람은 당대에는 너무 급진적이었던 신념 때문에 불경죄로 죽음을 당했다. 이어서 밀은 통상적인 도덕적 믿음이나 신과 미래

국가의 존재를 거부하는 견해를 사회가 흠잡을 수 있는지의 여부를 검토한다. 그 예가 기독교 신앙의 사회적 가치를 알아보지 못하고 박해했던 공정하고 자애로운 황제 마르쿠스 아우렐리우스*이다. 만약 비(非)종교적인 의견을 처벌하는 것이 적법하다고 생각하는 사람이라면, 마찬가지로 마르쿠스 아우렐리우스처럼 기독교 신앙이 위험하다고 느낄 경우에는 그것에 대한 처벌도 정당하다고 수긍해야 한다.

셋째, 진리에 대한 박해는 정당할 수도 있다는 비판이다. 박해는 진리가 겪어야 하는 시련이고, 진리는 항상 살아남을 것이기 때문이다. 그 같은 정서는 진실한 생각을 갖고 있다는 이유 때문에 실제로 박해당하는 사람들에게는 가혹할 만큼 불공평하다. 뭔가 진리를 발견함으로써 인류에게 크게 공헌했던 사람들에 대한 박해를 지지하는 것은 그들의 기여가 제대로 평가받지 못하고 있다는 것을 암시한다. 또한 "진리가 항상 박해를 이긴다"는 가정도 역시 잘못된 것이다. 진리가 박해 앞에 무릎을 꿇었다가 재등장하려면 수세기가 걸릴지도 모른다. 가톨릭교회의 개혁이 20차

---

* **마르쿠스 아우렐리우스**(Marcus Aurelius. 121-180): 로마 제국의 제16대 황제이자 후기 스토아학파 철학자. 그가 통치한 기간 동안(161-180) 외적의 침입이 잦았고 페스트가 발생해 어려운 지경에 빠졌으며, 이후 그의 죽음과 함께 로마 제국은 쇠퇴했다. 주요 저서는 〈명상록〉.

레나 실패하고 나서야 비로소 마르틴 루터*에 의해 성공했다는 사실이 그 증거다. 법적 제재나 사회적 제재라도 제대로만 가해지면 진리나 거짓을 향한 열정은 중단되고 만다. 비록 진리는 단절되더라도 세월이 흐르면 재발견되는 경향이 있지만, 진리가 그릇된 생각보다 강하다는 생각은 단순한 감상에 불과하다.

넷째, 우리가 이제는 더 이상 반대자를 죽음으로 내몰지 않기 때문에 진실한 의견은 결코 사라지지 않을 것이라는 그럴듯한 반대 논거가 있다. 그러나 어떤 의견들에 대해 법의 이름으로 가해지는 박해는, 예를 들면, 불경(不敬)이나 무신론의 경우에는 사회에서 여전히 중요하다. 여론을 고려한다면, 더 극단적인 형태의 법적인 박해가 재발하지 않으리란 보장이 없다. 게다가 이견에 대한 사회적 불관용은 계속될 것이고, 그로 인해 사람들은 견해를 다른 모습으로 위장하거나 숨기게 되고, 지성주의와 독자적인 생각은 숨을 쉴 수 없게 된다. 어떤 특별한 자유사상이 잘못된 결론으로 이어지든 말든 자유로운 사상을 숨 막히게 하는 것은 진실에 해를 끼치는 것이다.

---

* **마르틴 루터**(Martin Luther. 1483-1546): 독일 아우구스티누스 수도회 수사로서 루터교의 창시자. 가톨릭교회가 세속의 권력과 부, 부정부패에 물들어 있다고 비판하며 종교개혁의 불씨를 당겼다.

2장에서 밀은 생각과 토론의 자유를 집중적으로 검토한다. 이러한 자유가 지닌 사회적 이익—밀은 의견의 다양성을 긍정적인 사회적 이익으로 간주—을 보여줌으로써 그 중요성을 정당화하려고 드는 것은 의미심장하다.

반대 의견이 진리일 수 있다는 밀의 논거는 몇 가지 중요한 사항을 끄집어낸다. 첫째, 밀이 도덕적 진리의 존재를 믿고 있다는 사실을 강조한다. 따라서 자유를 옹호하면서도 모든 의견이 똑같이 타당하다고 말하지는 않는다. 상대주의자가 아닌 그는 모든 것이 상황에 따라 진리일 수 있다고 말하는 것이 아니라, 단 하나의 생각도 진리일 수 있고, 바로 그렇기 때문에 그 어느 것도 버려져서는 안 된다고 말하는 것이다. 진리는 진보에 도움이 된다.

둘째, 실제로 종교 같은 것에 대한 어떤 대중적 견해가 잘못된 것이라고까지 말하지는 않으면서도 진리에 대한 대중적 믿음이 갖는 우연성을 보여주려고 노력한다. 밀은 이런 논법을 완성하기 위해 지금은 진리라고 믿어지는 것 때문에 과거에 박해당한 사람들에 대해 언급하고, 만약 '잘못된' 견해에 대한 박해를 지지하는 독자라면 어떤 특별한 문제에 대해 자신들이 소수에 속할 경우에도 그 박해를 받아들여야 한다는 논리적인 상황을 만들어낸다. 이런 식으로 밀은 근대적인 견해가 잘못되었다고 비난하지 않으면서, '잘못된' 견해를 박해하지 않도록 유도할 수 있게 된다.

셋째, 박해받는 진리의 예는 그가 펼치는 몇 가지 수사학적 전략을 반영하고 있다. 19세기의 영국 독자들에 대해 매우 잘 알고 있었던 밀은 확실하게 반향을 불러일으킬 예수의 십자가 처형과 같은 예를 사용한다. 그런데 이것은 훨씬 광범위한 도덕적 주장을 펼치기 위해 친숙하면서도 때로는 논쟁을 일으키지 않을 예들을 선택하는 보다 일반적인 전략에 의한 것이다. 우리는 이 책을 읽으면서 과거에는 영국이 자유에 대해 오늘날의 영국과 똑같은 법적 보호를 하고 있지 않았다는 점을 기억해야 한다. 밀은 법이나 영국 사회에 문제를 일으키지 않으면서 자기주장을 펼칠 수 있는 예들을 사용하고 있는 것이다.

마지막으로, 그가 의견의 자유를 정당화시키면서 내세우는 진리가 존재한다는 가정의 중요성에 대해 생각해 보면 좋다. 만약 아무도 틀리거나 옳을 수 없다면, 차이에 대한 관용과 존중이 요구될까, 아니면, 가장 강력한 견해가 단순히 다른 모든 견해를 꺾으려고 할 수 있을까? 진리의 존재가 내내 가정이기 때문에 밀은 이 질문에 답하려고 하지 않는다. 그러나 이런 문제들을 생각해 보는 것은 밀이 그가 제시하는 모든 가정을 받아들이지 않는 사람들을 얼마나 설득할 수 있는지를 살펴보는 데 중요하다.

생각과 토론의 자유에 대하여(2)

　여론이 얼마나 잘못될 수 있는지를 설명한 밀은 의견의 자유를 지지하는 또 다른 세 가지 논거를 개진한다.

　두 번째 논거(앞 장에서 논의된 여론이 잘못될 수 있다는 논거 다음)는 비록 대중의 견해가 진리라고 하더라도 자유롭고 충분한 토의를 거치지 않는다면 '죽은 독단'이 되고 만다는 것이다. 만약 아무리 진리라고 여겨지더라도 토의를 통해 검증되지 않은 생각을 아무런 의심 없이 받아들인다면 진리를 완전히 이해하지 못할 것이고, 그 진리에 대한 반대 의견도 제대로 논박하지 못할 것이다. 심지어는 틀린 반대 의견조차 그것이 반박하는 진리를 계속 살아 있게 해 준다.

　이어 밀은 자신의 논거에 대한 두 가지 잠재적인 비판으로 돌아간다.

　첫째, 사람들에게 그들이 믿는 어떤 의견에 대한 근거를 가르쳐주어야 하고, 일단 가르쳐준 경우에는 토론을 거치거나 그것이 틀렸다는 주장이 없다고 해서 그저 남을 따라서 한 것이라거나 의견들의 기초도 모른다고 말할 수는 없다. 그러나 정답을 확실하게 알 수 있는 수학 같은 분야에서는 크게 문제되지 않겠지만, 불가피하게 생각의 차이가 존재하는 분야—도덕, 종교, 정치, 사회관계, 삶, 등—에서는 다양한 의견을 종합적으로 검토해서 진리를 찾아야 한다. 이 경우에 진리를 이해한다는 것은 반대 논거들을 물리칠 수 있어야 한다는 것이다. 만약 반대 의견을 제대로 논박하지 못한다면, 자신의 의견을 제대로 이해하고 있다고 말할 수 없다. 게다가 반대 의견은 이론가가 어떤 주장을 반박하기 위해 나름대로 각색해서 정리한 것이 아니라 실제로 그것을 믿고 완전한 논거를 보여줄 수 있는 사람들로부터 직접 들어야 한다. 이론가들이 이끌어내는 결론은 옳을지 몰라도 그들의 논거에 따라 언제든 틀릴 수 있기 때문이다. 반대 의견에 대한 대응은 매우 중요해서 반대자가 존재하지 않는다면, 반드시 그들을 상상하고 그들이 만들어낼 만한 가장 설득력 있는 논거들을 찾아내야 한다.

둘째, 보통사람들은 자신들의 신념에 대해 철학자와 신학자들이나 전개할 만한 찬반 양론을 자세히 알 필요가 없으며, 진리의 분명한 근거만 배우고 나머지는 전문가들을 믿고 따르면 된다. 하지만 이런 논리를 받아들이더라도 자유 토론의 필요성은 전혀 줄어들지 않는다. 자유 토론을 반대하는 사람들 역시 어떤 문제를 놓고 제기되는 반대에 대해서는 만족할 만한 답변이 있어야 한다고 생각할 것이기 때문이다. 만약 그 문제가 자유롭게 논의되지 않는다면 어떻게 만족스러운 답변이 나올 수 있겠는가? 가톨릭교회에서는 일반인들과 지성인들(사제) 사이에 명백한 구분을 두고 한쪽은 믿음에 입각해서 교리를 무조건 받아들이게 하고, 다른 한쪽은 이성적인 확신에 따라 그것을 수용하게 했다. 따라서 일반인들을 가르치는 입장인 후자에게는 반대편의 주장에 효과적으로 대처할 수 있도록 이단자들의 금서를 읽는 것이 허용되었다. 그러나 영국 같은 개신교 국가들에서는 이론상 각 개인이 알아서 종교를 선택하는 것으로 간주되기 때문에 선생이 나설 일이 없으며, 오늘날에는 지성인들이 접근할 수 있는 글을 일반인들이 읽지 못하게 막는 것도 현실적으로 불가능하다.

이어 밀은 생각과 토론의 자유가 지닌 가치를 옹호하는 세 번째 논거를 제시한다. 만약 어떤 주장이 사실일 경우에도 토론을 거치지 않으면, 그 주장 자체의 의미를 모를 수 있다는 것. 그 같은 사례는 거의 모든 윤리적 이론과 종교적 믿음들의 역사에서 볼 수 있다. 믿음은 도전받기를 멈추면 그 '생명력'을 상실한다. 인간의 마음에 미증유의 충격을 주리라고 기대되던 교리들이 제대로 꽃을 피우지 못한 채 죽어버린 믿음으로 전락한 경우들이 있다. 기독교 신앙은 신자들의 믿음이 행동 속에 반영되지 않으면 그 같은 상황에 직면한다. 살아 있는 믿음이라면 신자들의 행동을 규율할 수 있어야겠지만, 그들은 주변 사람들과 보조를 맞춰 적당히 믿고 적당히 행동한다. 이런 현상은 사람들이 귀하게 여기는 교리들―도덕이나 종교, 그리고 인생에 관한 지식이나 지혜를 담고 있는 것들―에서도 그대로 발견된다. 그 결과, 대부분의 사람들은 그 교리들의 의미를 충분히 깨닫지 못하고, 그 몰이해로 인해 고통을 안겨주는 불행한 일을 겪는다. 진리 가운데는 경험하지 않으면 참뜻을 제대로 알기 어려운 것이 많다. 그러나 그것을 잘 아는 사람들이 토론을 벌이고, 내용을 모르는 사람이라도 귀담아들었더라면 그 뜻을 잘 알게 되었을 것이다. 사람들은 어떤 사안이 확실하다면서 더 이상 논의하지 않으려고 하는데, 사람들이 저지르는 실수의 태반은 그러한 악습에서 비롯된다.

밀은 이 같은 관점에 대해 제기될 수 있는 비판을 제시한다. '참된 지식'을 얻으려면 누군가가 잘못된 의견을 주장해야 하는 것인지, 모든 사람이 어떤 의견을 만장일치로 받아들이는 순간에 그 의견은 진리로서의 의미를 잃는 것인지에 대한 의문이 생길 수 있다는 것. 반박이 적은 의견이 많아지는 것은 인간의 진보 과정에서 '피할 수 없고 필수불가결한' 것이지만, 그런 현상이 반드시 좋은 결과만을 낳는 것은 아니다. 반대 의견을 가진 사람들에게 설명하거나 비판하는 과정이 생략되면 그 진리를 더 깊이 생생하게 이해할 기회도 잃을 수 있다. 토론의 상실이 결점이 될 수도 있다는 것. 따라서 선생들은 반대 의견의 상실을 보충해 주도록 노력해야 한다.

이어 밀은 의견의 자유에 대한 네 번째 논거로 돌아간다. 충돌하는 이론이 있을 때, 아마 가장 일반적인 사례를 꼽는다면 하나는 진리이고 다른 하나는 거짓으로 확연히 구분되기보다는 각각 어느 정도까지는 진리를 담고 있는 경우일 것이다. 바로 이때 통설의 빈곳을 채워주는 이설(異說)의 존재가 반드시 필요하다. 그러나 인간 정신은 한쪽으로 치우쳤고 다면성에 대한 관심은 예외적인 경우에 국한되었기 때문에 진리의 한 부분이 부각되면 다른 부분은 사라질 때가 많다. 진보라는 것도 일반적으로 진리를 새롭게 보충한다기보다는 부분적이고 불완전한 진리를 다른 것으로 대체하는 것에 불과하고, 그 시대의 요구에 더 부응하는 것이 새로운 진리가 된다. 흔히 통설에서 빠트리거나 인정되지 않는 부분적 진리를 지닌 이설들은 아무리 크고 많은 오류와 혼돈을 초래하더라도 '지혜의 편린'에 주의를 기울이게 하기 때문에 가치가 있다. 마찬가지로 정치도 질서와 안정을 추구하는 쪽과 진보와 개혁을 추구하는 쪽이 모두 존재해야 건전하게 펼쳐질 수 있다. 분명한 사실은 바로 상대편이 존재하기 때문에 양쪽이 이성과 건전한 정신 상태를 유지할 수 있다는 점이다. 그 어떤 공공연한 문제에 대해 통설이라고 한들 그 시대나 일정 장소의 일부 사람들에게나 해당하는 것이고, 극소수의 견해라고 하더라도 소외된 이익을 반영하고 있으므로 적극적으로 장려되고 인정되어야 한다. 아무리 통설과 어긋나는 주장도 분명히 들어볼 만한 값어치가 충분히 있는 것이다.

밀은 네 번째 논거에 대한 비판을 검토한다. 기독교 신앙과 같은 어떤 원칙들은 완전한 진리이기 때문에 만약 누군가가 동의하지 않는다면 전적으로 잘못된 사람이란 주장이 나올 수 있다. 그러나 여러 면에서 기독교 도덕은 '불완전하고 일방적'이며, 가장 중요한 몇 가지 윤리적 사고방식은 그리스와 로마의 도덕률에 바탕을 둔 것이다. 예수 스스로 자기의 메시지를 불완전한 상태로 남겨두려고 의도했기 때문에 인류의 도덕적 쇄신을 위해서는 기독교적 도덕을 세속적인 윤리체계로 보충하기를 거부하면 안 된다. 그리고 무엇보다 근본적으로는 인간이 불완전하기 때문에 다양한 의견을 허용해야 진리를 찾을 수 있다.

아무리 자유 토론을 허용하더라도 사람의 생각이 한쪽으로 치우치는 것을 근본적으로 막을 수는 없다. 이럴 경우에는 반대 의견이란 이유로 더욱 격렬하게 배척당할 수도 있다. 따라서 '공정한 토론'에 충실해야 한다. 그런 기준을 지키는 것이 실제적인 관점에서는 매우 어려울 수 있고, 그토록 높은 행동규범을 지키는 사람은 어쩌면 반대자들뿐일지 모른다. 그러나 모든 주장 속에는 나름대로의 진리가 들어 있기 때문에 결국 어떤 방식으로든 토론을 제한하는 것은 법의 역할이 아니고, 대중 여론은 똑같은 기준에 따라 개별 사례들을 검토해서 양쪽을 모두 껴안아야 한다.

만약 진실한 의견을 갖고 있는 사람이라면, 그 의견에 반대하는 사람들의 주장을 들음으로써 이득을 얻을 것이고, 또한 대부분의 사람들이 부분적인 진리만 알고 있기 때문에 또 다른 부분의 진리를 청취하면 득이 될 것이라고 밀은 주장한다. 이런 토론은 사람들이 어떻게 학습하게 되는지에 대한 특별한 개념을 반영하고 있다. 밀은 사람들이 토론과 자신들의 의견에 대한 반론을 통해 학습한다고 힘주어 말한다. 이처럼 사람들은 반대 의견에 힘입어 자신들의 신념이 지닌 진정한 힘(그리고 한계)을 이해하기 때문에 반대 의견은 사회적으로 유용하다. 반대 의견의 유용성은 소수의 견해가 부분적으로 진리가 아니든 완전히 거짓이 아니든 간에 그 어떤 것에 의해서도 대체될 수 없다.

밀의 주장을 놓고 생각할 때 고려해야 할 사항은 그가 이 같은 학습과정에 대해 지나치게 이상화된 견해를 지니고 있지 않느냐는 점이다. 예를 들어, 상충하는 의견들이 근본적으로 다른 전제들에 근거하고 있을 때 어떤 일이 벌어질 것인가, 즉 밀이 서술하고 있는 대화가 실제로 가능할까? 만약 사람들이 도덕적이고 정치적인 문제를 토론할 때 똑같은 용어를 공유하지 않는다면, 실제로 서로가 반론을 제기하고 있는 것일까, 아니면 그저 엉뚱한 이야기나 나누고 있는 것일까? 이 문제에 대해 밀은 어떤 대답을 할까. 만약 그는 자기 대답이 설득력이 없을 경우에도 여전히 의견의 다양성이 사회적으로 유용하다고 말할 수 있을까?

마지막으로, 기독교 신앙을 완전한 진리라고 생각하는 누군가에게 던지는 밀의 반박을 검토해 보아야 한다. 밀은 그런 사람이 기독교 신앙을 잘못 해석하고 있다고 주장하는 것 같다. 이런 반응이 기독교 신앙에 대해 밀과는 다른 견해를 가진 사람에게 설득력을 가질 수 있을까? 밀은 그런 주장에 대해 더 나은 대답을 제공할 수 있는 다른 논거들을 가지고 있을까? 좀더 일반적으로, 2장의 종교적 관용에 대한 밀의 논의는 의견이 다른 타인들에 대해 불관용을 요구하는 믿음을 지닌 사람들을 설득할 수 있겠는가, 라는 문제를 야기한다. 밀은 자유가 갖는 정당성의 근거로 사회적 이익을 언급한다. 따라서 불관용을 믿는 사람이라도 자유로운 의견을 통해 얻는 어떤 이익보다 사악한 어떤 것이 발표되도록 허용하는 쪽이 더 중요하다는 말을 할 수 있다고 여

기는 것 같다. 자신의 견해를 제대로 이해하려면 반대 의견
이 필요하다는 밀의 주장을 감안해서, 이런 비판이 얼마나
설득력이 있는지 생각해 보자.

Chapter 3
행복한 삶의 한 요소, 개별성에 대하여

　　어째서 사람들이 대중적이지 않은 신념을 품고 표현하는 것이 용인되어야 하는지에 대해 검토한 밀은 왜 법적인 처벌이나 사회적 불명예에 맞닥트리지 않고 자신들의 견해에 따라 자유롭게 행동하는 것이 허용되어야 하는지에 대한 문제로 눈을 돌린다. 행동하는 것이 의견을 가지는 것처럼 자유로울 수는 없겠지만, 의견의 자유 역시 다른 사람들에게 옳지 못한 행동을 하도록 직접 영향을 줄 수 있는 상황이라면 무턱대고 허용될 수 없다. 그러나 각자가 자유롭게 자기 의견을 가질 수 있는 것과 마찬가지로 남에게 해를 입히지 않는다면 스스로의 책임 아래 자기 생각에 따라 행동할 수 있는 자유도 허용되어야 한다. 인간이란 존재는 오류를 저지를 수 있기 때문에 의견이 다채로우면 유익하듯이 '삶의 실험'도 다양하게 이루어지는 것이 좋다. 이를테면, 다른 사람들과 아주 심각하게 연계되지 않는 일에 대해서는 각자의 개별성이 발휘되도록 하는 편이 바람직하다. 전통이나 관습에 따라 행동하다 보면, 개인과 사회의 발전에 중요한 요소인 개별성을 잃게 되기 때문이다.

개별성은 자아의 배양에 본질적인 것이다. 사회가 갖는 근본적인 문제는 개인의 자발성을 그 자체로 중요한 가치를 지닌 것으로 존중하지 않고, 개별성의 발달을 행복에 본질적인 것으로 간주하지도 않는다는 사실이다. 대신, 오늘날의 삶의 모습에 만족하는 대부분의 사람들은 다른 사람들이 왜 자기처럼 살면 안 되는지를 이해하지 못하고, 그 삶의 방식들이 모든 사람에게 충분히 좋은 것이어야 한다고 생각한다. 사람들은 어린 시절에는 인간들의 경험에 의해 축적된 지식에 대해 알고 그 혜택을 받을 수 있도록 훈련을 받아야겠지만, 어른이 되면 그 경험을 자기 방식대로 해석하고 이용하는 자유를 가져야 한다. 그러나 아무런 의문 없이 그저 관습을 따르는 것이 아니라 선택하는 과정이 매우 중요하며, 그 과정을 통해서만 자신들이 지닌 모든 능력—지각, 판단, 정신활동, 도덕적 선호, 등—을 단련할 수 있다. 그저 관습을 따르기만 한다면 아무런 선택도 하지 않은 것이나 마찬가지다. 사람의 정신이나 도덕적인 힘도 근육처럼 자꾸 써야 발달한다. 이어 밀은 개별성에 반영된 욕망과 충동을 각자의 특성의 발전과 연계시킨다. 욕망과 충동도 신념과 자제 못지않게 완전한 인간을 만드는 데 필수적인 요소다. 충동은 특정한 목표와 성향은 강한데 평형을 이뤄줄 다른 것들이 미약할 때 문제가 되고, 욕망 역시 강해서가 아니라 양심이 약한 것이 문제다. 물론, 부정적인 부분도 있을 수 있겠지만, 욕망이 강하다는 것은 타고난 자질이 풍부하고 좋은 일을 할 가능성이 크다는 말이 될 수 있고, 강렬한 충동은 정력과 통한다고 할 수 있다. 따라서 자기만의 욕망과 충동을 활용해 타고난 본질을 다듬고 발전시키는 사람은 자기만의 개성을 가진 사람이다. 반면, "자신만의 욕망과 충동을 갖고 있지 않는 사람은 아무런 개성도 가지고 있지 않은 증기기관과 같다."

초기 단계의 사회에서는 자발성과 개별성이 지나쳐 각 개인의 성격을 통제하기 위해 삶의 구석구석을 규제해야 한다는 명분 아래 법과 규율이 절대적인 권력을 행사했다. 그러나 오늘날에는 욕망과 충동의 결핍이 오히려 더 위험하다. 지금 사람들은 다른 사람뿐만 아니라 자기에게만 관련되는 일에서도 스스로의 개성을 발휘하고 발전시키기 위해 고민하지 않고, 자기와 비슷하거나 높은 사람들이 무엇을 하는지 궁금해 한다. 관습이란 것을 빼고 나면 애초부터 자기 고유의 생각이나 감정 등이 없는 것이다. 인간은 다른 사람의 권리와 이익을 침해하지 않는다는 전재 아래 개별성을 발전시키면 자신들뿐만 아니라 다른 사람들에게도 더 가치 있는 사람이 될 수 있다. 이어 밀은 개인으로서의 자유를 누리는 사람들이 타인들에게 얼마나 유익한지를 검토한다.

개별성은 비(非)동화자로부터 사람들이 무언가를 배울 수 있게 해주기 때문에 소중하다. 새로운 실험은 극소수만 할 수 있을 뿐이고, 그들을 따라간다면 사회 전체가 한 단계 더 발전할 가능성이 있다. 이들 소수는 좋은 것들을 새로 만들어낼 수도 있고, 존재하는 좋은 것들을 유지하거나 발전시킬 수도 있다. 어느 시대나 천재는 드물다. 따라서 그들을 보호하려면 그들이 살 수 있는 토양을 만들어주어야 한다. "천재는 자유라는 공기 속에서만 자유롭게 숨 쉴 수 있다." 독창적이지 않은 사람들은 독창성의 가치를 이해하지 못하는 경향이 있고, 생각과 행동의 독창성에 대해 칭찬하면서도 마음속 깊은 곳에서는 평범해도 잘 살 수 있다고 생각한다. 이런 경향은 바람직하지 않다. 모든 사람은 독창성이 세상에 가져다주는 것을 소중하게 여겨야 한다. 게다가 중세와 비교해 볼 때, 근대(19세기)에는 개인은 군중 속에 묻혀버리고 대중만이 권력자라는 말에 어울리는 존재가 되었다. 개별성이 줄어들고 평범함이 고무되는 것. 이런 경향은 평범한 문화와 평범한 정부로 이어진다. 따라서 남과 다른 것을 결코 용납하지 않을 정도의 전제적(專制的)인 대중 여론이 세상을 지배하는 이 시대에는 널리 통용되는 의견의 잘못을 지적하고 시정할 수 있는 뛰어난 사람들의 개별성이 더욱 발휘되도록 해야 한다.

최선의 삶을 살아가는 데는 어떠한 형식도 존재하지 않는다. 상식과 경험을 제대로 갖춘 사람이라면, 자기 방식대로 살아가는 것이 최선이다. 그 방식 자체가 최선이라기보다는 자신이 선택하기 때문에 최선이라는 것이다. 사람은 취향도 다르고 추구하는 정신적 발전도 다르다. 따라서 각자에게 맞는 삶의 형태가 허용되지 않는다면 행복해질 수 없다. 그러나 대중은 누군가가 그들이 용인하는 취향과 생활양식을 따르지 않으면 아주 심각한 도덕적 잘못이라도 저지른 것처럼 비난한다. 이처럼 대중 여론은 개별성의 발휘를 용납하지 않고, 사람의 행동을 규칙화해서 일상적인 기준을 넘는다 싶으면 막으려고 든다. 그 기준이란 바로 명시적 또는 암묵적으로 아무것도 강렬하게 열망하지 않는 것이다. 그리고 강력한 의지나 이성이 없으니 무비판적으로 남들처럼 살아가는 것이 주류가 되고 있다. 사람이 자신의 잠재력을 발휘하려면 다양한 환경이 필요하고, 건강한 사회라면 그들이 한 가지 이상의 형식을 따라 살아갈 수 있도록 해주어야 한다.

자유와 개별성은 개인과 사회의 발전에 필수적인 요소다. 사람들은 서로의 차이를 통해 자신의 불완전함을 고치거나 보완하고, 또한 서로의 장점을 합쳐서 더 좋은 것을 만들 수 있는 가능성을 보게 된다. 반면, 동화(同化)를 강요

받으면 서로에게 배울 수 있는 길이 막혀버린다. 영국의 발전을 가로막은 장애물은 '관습의 전횡'이고, 체제순응적인 중국보다 유럽이 더 발전한 것은 상대적으로 다양한 생활 방식과 다양한 경로 덕분이지만, 염려스럽게도 '모든 사람을 똑같이 만들려는' 중국식 이상(理想)을 향해 진행하고 있기 때문에 결국 정체(停滯)에 직면할 것이다.

: 풀어보기

　　이번 장에서 밀은 개별성과 비(非)동화가 개인적 층위와 사회적 층위 모두에 소중하다는 것을 보여주려고 노력한다. 그는 사회가 자연스럽게 동화를 선호하고, 대중의 사회적 통제와 민주화에 의해 그 같은 선호가 심화되고 있다고 믿는다.

　　개별성의 억압에 대한 밀의 관심은 법적 · 사회적 두 영역으로 확장된다. 밀은 동화시키려는 대중의 압력과 과도한 법의 제도화된 권력 때문에 개인이 의미심장한 선택을 할 수 있는 능력과 결과적으로는 개인적인 발전을 방해받고 있다고 믿는다. 유용성이란 개념에 근거한 논거에서 매우 중요한 점은 동화가 사회뿐만 아니라 소수가 지닌 개별성을 해친다는 것이다. 왜냐하면, 사람들은 동화 속에서 삶에 접근하는 잠재적으로 더 바람직한 방식을 잃게 되고, 서로에게서 배울 수 없게 되기 때문이다. 사회가 진보하려면 상충되는 생활방식이 서로 역동적으로 주고받아야 한다.

　사회적 진보에 대한 밀의 견해는 개별성과 동화에 관한 견해와 밀접하게 연결되어 있다. 삶을 살아가는 데에는 더 좋은 방법과 더 나쁜 방법이 존재한다. 밀은 야만인들과 미개인들은 문명화된 사람보다 더 나은 삶을 살아가지 못한다고 믿고 있다. 그러나 문명화가 진행되면서 동화라는 경향이 생겨난다. 개인은 자유롭고 역동적인 자기개발과 다른 생활방식을 가진 사람들과의 상호작용을 통해 완성되고, 마찬가지로 사회 속에 '진리'가 계속 살아 있게 되는 것은 토론과 반대 의견을 통해서이기 때문에 동화되면 사회는 정체하고 만다. 미개한 국가에서는 개별성이 지나쳐 사회적 규율을 유지하는 데 애를 먹기도 했지만, 그 반대인 동화 역시 비슷하게 골칫거리가 되고 결국 활력을 상실하게 한다. 밀은 여기서 역동적이고 끊임없이 상호 절충되는 인간의 자유와 사회 사이의 관계를 개략적으로 서술한다. 거기에는 미묘한 균형, 즉 개인은 항상 자유로워야 하지만 미개한 세계에서 구체화된 것처럼 과도한 자유에 대한 공포도 존재한다.

　밀은 3장에서 많은 사례를 제시하지 않고, 행동의 자유에 대한 논의도 매우 일반적이다. 따라서 밀이 인간과 사회의 발전에 진정으로 필요하다고 간주한 개인의 '자유'가 무엇인지 생각해 보는 것이 중요하다. 만약 자유가 단지 기행 (奇行)의 허용만을 의미한다면, 그의 입장이 매우 급진적이라고 할 수 있는지는 명확하지 않다. 그러나 만약 밀이 깊이 뿌리박힌 사회적 규범에 대항해 행동하라고 사람들을 북돋고 싶어한 것이라면, 사회는 어쩌면 단순히 응집력을 잃고 그의 체계 내에서 양극화되는 것은 아닐까? 또한 인간 발전에 그저 보탬이 되지 않는 어떤 행동들은 존재하지 않는 것일까? 다음 두 장은 행동원칙에 대한 몇 가지 사례를 제시한다. 그 사례들을 검토할 때, 3장에서 제시한 주장 및 예견과 모순되지 않는지 생각해 보자.

Chapter 4
사회가 개인에게 행사할 수 있는 권한의 한계에 대하여

4장에서 밀은 사회의 권한이 언제 개별성을 제한하는 것이 옳은지, 그리고 각 개인이 어느 정도까지 '자신에 대한 주권'을 행사할 수 있는지, 그 한계를 묘사하려고 시도한다. 사회와 개인은 각각 특별하게 이해관계를 가지고 있는 부분의 삶에 대해서는 정당한 권리를 갖는다.

밀은 사회계약이란 개념을 거부하면서도 사회의 보호를 받는 사람이라면 그만큼을 사회에 갚아주어야 한다고 적고 있다. 그리고 사회생활을 하는 한, 다른 사람들과 공존하기 위해 일정한 규칙을 지켜야 한다. 즉 법의 규정이나 암묵적인 이해에 따라 개인의 권리로 인정되는 타인의 특정 이익을 침해하면 안 되고, 사회와 구성원들을 피해로부터 방어하기 위해 필요한 짐—노동이나 희생—을 공평하게 분담해야 한다. 만약 개인이 이 같은 의무를 거부하면 사회는 그 이행을 강제할 수 있다. 게다가 다른 사람의 법적 권리를 직접적으로 침해하지는 않았더라도 해를 끼쳤을 경우에는 비록 법은 아닐지언정 여론에 의해 처벌할 수 있다. 이처럼 사회는 '다른 사람의 이익을 부당하게 침해하는' 여러 가지 양상의 행위에 대해 사법적 권한을 갖는다.

그러나 각 개인의 행동이 아무에게도 해를 끼치지 않거나 동의한 사람들에게만 영향을 끼친다면, 사회는 그 같은 행동이나 결과에 대해 아무런 이해관계가 없으므로 법적·사회적으로 간섭할 권리가 없다. 우리 모두는 서로서로 능력을 제대로 발휘할 수 있도록 돕고 장려해야 한다. 그러나 한 개인이 자신의 삶에 대해 원하는 대로 하는 것을 막으려고 해서는 안 된다. 어떤 특정 개인의 행복에 대해서는 어느 누구의 관심이나 지식도 그 당사자의 관심과 지식에 비하면 '하찮은' 것이기 때문이다.

다른 사람에게 해를 끼치지는 않지만 잘못된 행동을 하는 사람에게는 무례하지 않을 정도로 지적을 해줄 수 있다. 게다가 주변 사람들에게 나쁜 영향을 줄 것 같은 사람이 있으면 피하거나 타인들에게 경고를 해주는 것이 우리의 의무이자 권리일 수 있다. 비록 당사자에게만 나쁜 결과를 안겨주는 행동에 대해서도 이 같은 방식의 '처벌'이 허용될 수 있는 이유는 일부러 한 개인을 징계하기 위한 목적이 아니라 그 결과로 인해 처벌하지 않을 수 없는 상황이 되기 때문이다. 그러나 한 개인의 어리석음이나 인간적 존엄과 자존심의 결여를 보여주는 결점들도 다른 사람들에 대한 의무를 위반하지 않는 한, 도덕적으로 비난할 수 없고, 그것을 빌미로 그의 삶을 불편하게 만들려고 해서도 안 된다. 만약 그 개인 때문에 불쾌해졌다고 해서 공적(公敵)으로 여기거나 노여움 또는 분노의 대상으로 취급해서도 안 되고, 관심 표명을 통한 선의의 간섭 외에는 그냥 내버려두는 것이 상책이다.

이어 밀은 자신의 논거에 대해 제기될 수 있는 비판을 열거한다. "어떻게 사회의 한 구성원이 하는 일이 다른 구성원들에게 아무런 영향도 끼치지 않을 수 있겠는가? 어느 누구도 완전히 고립되어 있지 않고, 그 일들이 나쁜 선례가 될 수 있으며, 그 개인에게 의존하는 사람들에게 해를 입히고 사회 전체의 자원을 감소시킬 수도 있다. 게다가 어째서 사회는 그 일을 본받아 타락하거나 잘못된 길로 들어설 수도 있는 사람과 스스로 살아갈 능력이 부족한 성인을 위해 간섭할 수 없는가?

물론, 어떤 행동이 다른 사람들의 '동정심'과 이해관계에 영향을 주고, 사회 전체의 복리에 해를 끼칠 수 있다. 이런 행동이 자신의 의무를 위반하고 자기에게만 영향을 끼치는 것이 아닐 때는 도덕적 비난을 받는 것이 당연하다. 사치스런 생활로 인해 빚을 갚지 못하는 사람이 그 사례다.

그런 행위가 비난받고 처벌당하는 것은 채권자에게 의무를 이행하지 못해서이지 낭비벽 때문이 아니다. 낭비 자체는 존중받아야 하는 개인적인 결정인 것.

반면, 어떤 구체적인 의무를 위반하지 않으면서 자신을 제외한 누구에게도 손해를 주지 않는 행동—예를 들면, 나이 든 사람이 자기를 제대로 돌보지 않는 것—으로 간접적으로만 사회에 피해를 준다면, "그 불편은 자유라는 더 커다란 덕목을 위해 사회가 감수해야 한다." 사회는 사람들의 어린 시절 내내 절대적 권한을 갖고 장차 그들이 합리적으로 살아갈 수 있도록 교육시킨다. 그리고 만약 그들이 어른이 되어서도 합리적으로 행동하지 않고 성숙하지 못한 채로 남아 있다면, 그것은 사회 전체의 책임이다. 그렇다고 해서 개인의 사적인 문제까지 명령하고 복종을 요구하는 권한이 사회에 필요한 것은 아니다. 흔히 나쁜 사람들이 좋지 못한 예를 보여주는 것을 막아야 한다고 말한다. 물론, 나쁜 선례를 남기고, 다른 사람들에게도 아주 나쁜 영향을 주는 것도 사실이다. 그러나 여기서 문제를 삼고 있는 당사자에게만 해를 끼치는 옳지 못한 행동의 경우라면, 그 같은 행동에 따른 부정적인 결과와 함께 왜 그런 식으로 행동하지 말아야 하는지를 보여주는 유익한 사례가 될 수 있다.

사회가 개인적인 행동을 간섭하면 안 되는 가장 중요한 이유는 그것이 잘못된 곳에서 잘못된 방식으로 행사될

가능성이 크기 때문이다. "어떤 사람이 자기 의견에 대해 갖는 감정과 그것 때문에 상처를 받는 다른 사람의 감정을 똑같이 취급할 수는 없다." 취향은 각 개인의 고유 관심사이고, 오직 인간의 보편적인 경험이 용납하지 못하는 행동 이외의 모든 불확실한 문제에 대해서는 개인의 자유와 선택을 전적으로 존중해 주는 것이 이상적인 사회다. 그러나 보편적으로는 이른바 '규찰대'의 활동영역을 부당하게 확대하려는 경향이 있다. 회교국에서는 대중 여론이 도덕적 권위를 내세워 돼지고기를 먹어서는 안 된다고 한다거나 스페인에서는 사제가 결혼하면 벌을 받는다는 것 등이 그 사례다. "우리는 우리에게 적용되면 엄청난 불의라며 분개하는 어떤 원칙을 남에게 적용하지 않도록 주의해야 한다." 자신의 도덕을 타인에게 적용하고 싶다면, 타인이 자신에게 적용하는 도덕도 기꺼이 받아들여야 하는 것이다. 주류(酒類) 금지, 안식일의 오락 금지, 일부다처제를 이행하는 모르몬교에 대한 박해 등, 부당하게 자유를 침해하는 것은 옳지 않다. 원한다면, 이런 행위들을 반대하는 설교를 할 수 있고, 사람들의 마음을 바꿔보려고 노력할 수 있겠지만, 결코 강압적이면 안 된다.

밀은 4장에서 많은 시간을 들여 "다른 사람들에게 해를 끼치는 행동들만 처벌될 수 있다"는 그의 '해(害) 원칙'을 옹호하고 기술한다. 따라서 이번 장에서 제기되는 가장 근본적인 문제는 밀의 원칙이 실제로 일리가 있는 것이냐, 하는 점이다. 밀은 사람들이 사회로부터 완전히 격리된 것이 아니고, 그들의 행동이 타인들에게 영향을 줄 수 있다는 점을 인정한다. 그렇다면, 원칙적으로 어떤 특정 행위가 타인들에게 해를 끼치면 개별성을 존중할 필요성이 없다는 주장이 나올 수 있다. 따라서 밀이 직접적으로 의무를 위반하는 그 같은 행동들에 한해 사회적 간섭을 제한하는 것은 부당하게 자의적인 것이 아닐까? 아니, 그보다 더 중요한 점은, 어떤 방식으로든 사회에 해를 끼친다면 언제든지 자유를 제한하는 것이 허용된다고 누군가가 말할 수 있는 여지를 너무 많이 남겨놓은 것이 아닐까?

그 대답으로 밀은 자신의 접근법이 폭넓게 해석된 사회적 선의 개념에 따라 작동하고 있다는 점을 보여주려고 한 것 같다. 3장에서는 비(非)동화의 유익한 효과들을 많이 보여주려고 노력했다. 행위들을 제약해서 얻어지는 그 어떤 사회적 이익도 개별성이 갖는 폭넓은 사회적 가치를 능가해야 한다는 것. 밀의 공리주의적 접근은 사회적 이익이 자유에 대한 주요 제약을 요구할 수 있는 가능성을 열어놓고 있는 반면, 자유가 갖는 사회적 가치에 대한 그의 논의(3

장)에 의하면 그 같은 가능성이 없는 것처럼 보인다. 밀이 제시하는 '해'의 기준이 그토록 높은 이유는 개별성에서 얻는 좋은 것이 사회적으로 매우 유익하다고 보기 때문이다.

여러 면에서 밀은 의견의 자유(2장)를 옹호할 때와 똑같은 논증기법을 사용하고 있다. 사회는 완전히 합법적인 행위들을 빈번히 부도덕하다고 선언한다. 따라서 만약 나쁜 행동들은 처벌해도 된다고 말하고 싶은 사람이라면, 타인들도 그 사람에게 똑같이 할 수 있는 권리를 가졌다는 사실을 받아들여야 한다. 그 사례들로서 밀은 자신의 논거를 확실하게 보여줄 것 같은 회교 국가들의 돼지고기 금지가 지니는 부당성, 그리고 훨씬 더 급진적인 주장인 일부다처제 금지의 부당성을 서술한다. 이 같은 사회의 오류성이 밀이 행동의 자유를 옹호하는 중요한 논거의 하나다.

밀의 논거는 행동들에 대해 사회가 비판할 여지들을 남겨놓고 있다는 점에서도 흥미롭다. 그런 비판은 어쩔 수 없을 경우에는 적절한 것이고, 사람들이 어떤 행동들을 혐오스럽다고 생각하고 따라서 그 행동이 부적절하다고 판단하는 것은 매우 자연스런 일이다. 그러나 밀은 이런 비판으로부터 생겨나는 처벌행위에 대해서는 제한을 둔다. 적어도 행위들이 어떤 규칙들 따르고 있는 한은 의견이 자유로워야 한다고 믿는 것처럼 하나의 행위인 처벌을 제한하면서 자유로운 비판을 허용하는 것이다.

한 가지 고려할 가치가 있는 생각은 혐오감을 주는 행위에 대해 어느 정도의 처벌이 인간의 자연스런 반응이냐, 하는 점이다. 밀은 인간이 하기에 '자연스러운' 것에 그 논거의 근거를 둠으로써 비판받을 여지를 안고 있는지도 모른다.

Chapter 5
현실적인 적용

마지막 장에서 밀은 전체 논거를 명확히 하려고 노력하면서, 이 책을 두 가지 기본 원칙으로 나눌 수 있다고 적고 있다. 첫째, 각 개인은 자신만이 관계된 행동들에 대해서는 사회에 책임질 필요가 없다. 그런 행동들이 불만스럽거나 옳지 않게 보일 때, 사회가 의사를 표시하는 유일한 수단은 '충고, 훈계, 설득, 그리고 그들의 이익을 위해 필요하다고 생각되면 그 사람을 피하는 것'이 전부다. 둘째, 각 개인은 다른 사람들에게 해를 끼치는 행위들에 대해 책임을 져야 하고, 사회는 그런 행위들에 대해 필요하다고 생각하는 만큼 사회적으로나 법적으로 처벌할 수 있다. 그러나 예를 들면, 경쟁이 심한 취업 시장에서 어떤 사람이 합격할 때처럼 비록 떨어진 사람들의 취업을 막아 해를 끼칠지언정 전반적인 사회의 이익이 긍정적일 경우에는 해악을 야기했다고 해서 그 사람을 처벌할 권리는 없다. 마찬가지로 자유로운 상거래는 사회적으로 유익한 효과를 갖기 때문에 허용된다.

이어 밀은 특정 사례들을 검토하고, 자신의 논거가 어떻게 각각의 사례에 적절히 적용되어야 하는지를 설명한다.

경찰의 기능은 어느 정도까지 확대될 수 있는가? 범죄와 사고를 예방하기 위해 개인의 자유를 침해할 때는 어느 정도까지 허용될 수 있는가? 경찰은 어떤 행위의 잠재적인 해악을 내세워 제약하지 않도록 조심해야 하고, 사람들이 자신에게 해를 끼칠 수 있는 권리도 존중해야 한다. 예를 들어, 어떤 사람이 위태위태한 다리를 건너려고 할 때는 그 위험을 경고해 주는 것이 도리지만, 당사자가 그 위험을 파악하고도 건널 때는 강제로 막지 말아야 한다. 마찬가지로 범죄에 이용될 수도 있는 독약을 판매할 경우, 구매자의 이름과 주소를 장부에 적도록 할 수 있겠지만, 독약의 구입을 막기 위한 것이 아니라 범죄에 이용되는 것을 막기 위한 조치다. 독약을 정당한 목적에 사용할 사람이 있기 때문에 판매까지 금지되어서는 안 되는 것. 범죄를 미연에 방지할 수 있는 사회의 권리는 사전조치로서 합법적인 행동을 제한할 수 있다. 예를 들어, 만취했을 때 난폭해져 남에게 해를 끼칠 수 있는 사람은 술을 마시지 못하게 할 수 있다. 또한 공공연하게 '품위'를 지키지 못하는 경우에는 선량한 풍속을 해치고 타인들에게 모욕감을 주기 때문에 결과적으로 제약

받을 수 있다.

그 다음으로 밀은, 비난을 초래하는 행위지만 그 결과
가 전적으로 당사자에게만 귀결되기 때문에 개인의 자유를
존중하는 차원에서 사회가 금지하거나 처벌할 수 없는 경
우, 타인들이 그렇게 행동하도록 '조언하거나 사주하는' 자
유를 가질 수 있는지에 대한 문제를 제기한다. 스스로의 책
임 아래 최선이라고 간주되는 행동을 할 수 있으려면 의견
교환의 자유도 가져야 한다. 더 복잡한 상황은 도박장 소유
처럼 공공의 이익과 배치되는 행위를 통해 이득을 얻을 경
우다. 사회는 어떤 개인이 다른 사람들에게 나쁜 짓을 하
도록 부추기는 것을 막을 권한이 없지만, 사람들이 나쁜 결
정을 내리도록 부추겨 이익을 얻게 해서도 안 된다. 차라리
그 같은 결정은 오직 그 개인의 판단에 따라 최대한 자유롭
게 선택하도록 내버려두는 편이 바람직하다. 그러나 이익을
얻기 위해 나쁜 행동을 부추기는 것은 사악한 짓이고, 따라
서 사회가 어느 정도는 그런 사람들의 자유를 침해하고 제
약을 가할 수 있다. 또 다른 문제는 국가가 사회적 이익에
어긋나는 일을 억제하기 위해 세금 부과 등의 간접적인 조
치를 취할 수 있느냐, 하는 것이다. 이 같은 조치—이를테면,
술 구입을 어렵게 하기 위해 술에 세금을 매기는 것—는 특
정한 취향을 가진 사람을 처벌하는 것과 다름없기 때문에
부당하다. 사악한 짓—술 구입, 주류 판매 등—을 금하는 것

이 허용되지 않기 때문에 그 행위자들을 처벌하는 것 역시 허용되지 않는다.

자신을 노예로 파는 것처럼 스스로에게 해가 되는 계약을 지켜야 할까? 다른 사람들과 무관한 경우에 개인의 자발적인 행동을 간섭하면 안 되는 이유는 당사자의 자유를 지키기 위해서다. 그런데 자신을 노예로 파는 계약은 영구히 자유를 포기하는 것이다. 따라서 당사자들은 자유의 진정한 의미를 훼손하는 그 계약에 얽매여서는 안 된다. 그러나 계약은 종종 기대와 의무들을 낳기 때문에 특별한 계약의 취소를 놓고 그 허용 여부를 결정할 때는 이 요소들을 고려해야 한다.

또한, 타인들에게 영향을 미치는 어떤 행동들은 자유를 존중한다는 명분으로 보호되는 것 같다. 특히 '가족 관계'가 그렇다. 어떤 행동들이 타인에게 해를 끼치는 경우—이를테면, 남편이 아내에게 폭군처럼 행세하는 것, 부모가 자녀들에게 절대적이고 배태적인 권한을 행사하는 것 등—에는 그런 해악들이 일어나지 않도록 하는 것이 국가의 권한이다. 예를 들어, 국가는 부모의 욕구와는 무관하게 어린이들에 대한 의무교육(다양한 교육방법을 허용하면서)을 법제화할 수 있다. 어린이들을 교육하지 않은 채 방치하는 것은 사회와 어린이들에 대한 범죄이고, 국가는 어린이들이 일반적인 지식을 습득하고 유지하도록 시험을 실시해야 한다. 그리고 아이를 낳는 것은 인간의 삶에서 가장 큰 책임 감이 요구되는 일 가운데 하나다. 인구 과잉의 위험과 어린 이들에게 인간답게 살 수 있는 기회를 주어야 할 의무를 감 안해서 가족을 부양할 능력이 있는 사람에게만 국가가 결 혼을 허용하는 것이 용인되어야 한다.

　　마지막으로, 밀은 정부가 사람들이 스스로를 위해 뭔 가를 하도록 내버려두는 대신, 그들을 돕기 위해 간섭할 수 있는지에 관한 문제를 검토한다. 이것은 정부의 조치에 대 한 그의 논의와 연관되어 있지만, 자유의 문제를 직접 다루 는 것은 아니다. 밀은 세 가지 이유를 들어 정부의 간섭을 반대한다. 첫째, 어떤 일을 가장 잘 해낼 사람은 일반적으로 그 행위에 직접적인 이해관계를 가진 당사자다. 둘째, 개인 적인 발전—실무능력 강화, 판단력 증대, 유사한 일처리 능 력 습득, 등—을 위해 당사자가 직접 일하는 것이 좋다. 셋째, 이미 비대해진 정부의 권한을 확대하는 것은 나쁘다. 강력 한 관료주의는 자신의 이익을 보존하기 위한 수단으로 개 혁을 억제할 것이고, 결과적으로 자유로운 대중의 이익과는 상반된 쪽으로 추진된다. 큰 정부가 위험해지는 경계선 설 정은 가장 중요한 정치적 문제 가운데 하나다. 그 답은 효 율성을 지키면서 가능한 한 권력을 분산시키고, 정보는 중 앙으로 집중시켰다가 분산시키는 것이다. 국가에 엄청난 권 력을 주면 인간의 발전을 억제하는 해악이 일어나고, 결국 그 발전의 결핍이 국가 자체를 숨막히게 한다.

5장은 의미심장하다. 밀이 사회가 존중해야 된다고 믿는 행위들의 종류에 대해 훨씬 더 명확한 의미를 제공하고 있기 때문이다. 그가 제시하는 대부분의 사례는 국가의 역할과 합법적인 요구를 다루고 있다. 밀이 이번 장에서 정부의 행위에 초점을 맞추려고 한 이유는 무엇일까? 특히 수사학적 전략으로서의 이 같은 접근이 어떻게 작동하는지 생각해 보자. 그러나 일반적으로 밀이 강제를 국가의 행위에 한정하는 것이 아니란 점을 기억해야 한다. 대부분의 사례가 대중의 판단이 부적절하다고 말하는 것으로도 여겨지기 때문이다.

밀이 제시하는 사례들은 이전에 개진된 행동의 자유에 대한 견해를 보강하는 것 같은데, 몇몇 경우는 매우 놀랍다. 예를 들어, 도박장이 제한될 수 있다는 언급은 사회적 가치를 다른 사람들의 직업 활동에 부과할 수 있다는 이야기가 된다. 사회적 가치의 오류성에 대한 그의 논거를 감안하면, '나쁜' 직업들을 제약하려는 밀의 의지는 일관성이 없는 것처럼 보일 수 있다. 이런 사례들의 의미에 대해서는 두 가지 해석방식에 대해 생각하는 것이 바람직하다. 첫째,

이 사례들은 이전에는 명백하지 않았던 밀의 이론이 지닌 깊이를 보여줄 수 있다. 실제로 밀이 자신의 이론을 적용하는 데 한 개의 장을 할애한 이유가 바로 여기에 있다. 사실상, 이 사례는 사회가 행동을 처벌해서는 안 되는 한편, 나쁜 일들을 능동적으로 조장해서도 안 된다는 점을 강조하고 있다. 어려운 사례들에 대한 두 번째 해석은, 밀 자신이 자기 이론의 충분한 의미를 제대로 헤아리지 못했다는 것이다. 이전의 자기 논의가 논리적으로 함의하는 모든 것을 단순히 보지 못했을 수도 있다. 밀이 제시한 사례들을 검토할 때, 그가 어떤 범주에 속하는지 생각해 보자.

또 하나 흥미로운 점은 부모가 자녀들의 삶에 대해 전권을 가지고 있지 않다는 주장이다. 사회의 이익은 부모와 잠재적인 부모에게 어떤 행동을 요구하고, 사회는 완전히 정당하게 그 행위를 강요할 수 있다는 것. 밀의 논거에 대해 생각하면서, 부모들이 온당하다고 판단한 대로 자녀들을 키울 수 있는 권리에 대해 밀이 적절한 설명을 하고 있는지 숙고해 보자.

마지막으로, 밀은 사람들이 선택 능력을 개발하는 자유를 갖는 중요성에 대한 논의로 끝을 맺는다. 제도화된 수단을 통해 사람들이 올바른 결정을 내리도록 도와주려고 하는 정부가 그 사례다. 그러나 밀에 따르면, 이런 도움은 개인이나 사회에 결코 이익이 되지 않는다. 반대 의견, 그리고 논쟁과 생각의 대립을 통해서만 사회가 더 나아질 수 있고, 개인이 스스로 일을 처리하는 균형감각을 얻을 수 있다는 중심 주제에 집착하는 것. 밀이 개인을 위해 바라는 자유는 실수를 하고 잘못을 단언하는 자유다. 밀은 진보의 개념에 대해 명확한 태도를 가졌고, 문명(文明)의 층위에 대한 그의 이론은 인간이 스스로를 향상시킬 수 있다는 믿음을 보여주지만, 이런 진보가 오직 열린 문화, 동화로부터 자유로운 문화에서만 발현될 수 있다고 생각한다. 밀이 장려하는 공리는 현재의 안락이라는 공리가 아니라 미래의 궁극적 이익인 인간의 진보를 창조하기 위해 계획된 공리인 것이다.

다음 질문에 대해 간단히 서술하시오.(―부분은 참고만 할 것)

1. 그의 다른 저서(예를 들면, 〈대의정부론〉)에서 밀은 제국주의와 '열
    등한' 사람들에 대한 전제적(專制的)인 지배에 대해 호의적으로 글
    을 쓰고 있다. 개인의 자유에 대해 분명한 입장을 지닌 밀이 어떻게
    이런 태도를 정당화할 수 있는가?(〈자유론〉1장, 특히 어린이들과
    야만인에 대한 그의 논의를 참조.)

    ― 밀은 자유를 단순히 인간이란 이유로 모든 사람들에게
    부여된 천부의 권리로 믿고 있지 않다는 사실을 깨닫는 것
    이 중요하다. 밀은 특히 자유에 대한 요구들을 이런 식으로
    정당화하려고 드는 것(자연법이나 혹은 하나님의 의지 같은
    것)을 거부한다. 오히려 그보다는 자유가 개인과 사회에 유
    익하다는 것을 보여주고 싶어한다. 그의 책은 개별성이 지니
    는 공리성을 보여주려는 하나의 시도다. 그 결과, 밀은 자유
    가 어느 정도까지 확장되어야 하는지에 대해 한계를 정한다.
    밀의 자유에 대한 옹호가 자치의 옹호까지 확장되는 것은
    자연스러워 보일 수 있고, 일반적으로 확장되고 있다. 그러
    나 밀은 어린이와 '야만인들'에게는 자유를 누리는 데 필요
    한 도구들이 부족하다고 믿고 있다. 이런 사람들에게 자유를
    누릴 문명화된 능력을 제공하는 것이 바로 국가가 할 일이
    다. 어린이들에게는 위임된 공공교육과 같은 조치들이 취해
    져야 한다. 그리고 야만인들에 대해서는 제국주의적인 통치

가능성을 열어두고 있는데, 야만인들 역시 언젠가는 자치가 가능하다는 희망을 품고 제국주의적 통치를 받는다. 이처럼 밀이 제국주의를 받아들이는 이유는 사회에 대한 계층적인 생각을 가지고 있기 때문이다. 이 계층적인 사회에서는 오직 제대로 진보된 몇몇 국가만이 개별성의 보호를 통해 이익을 얻을 수 있다. 밀은 야만인들을 열등한 사람, 즉 어떤 의미에 서는 어린아이로 간주한다. 따라서 야만인들을 다루는 가장 유익한 방법은 어린이들처럼 다루는 것이다. 이처럼 밀은 자 치를 통해 혜택을 얻을 수 있는 상태로 사람들을 문명화시 키는 것이 목적인 일종의 호의적인 제국주의를 받아들이고 있다. 그러나 자치 능력을 지닌 사람들을 위해서는 여전히 자유를 보호했다.

2. **밀은 자기의 이론을 표현하면서 인간의 본성에 대해 어떤 가정을 하는가? 만약 이 가정들이 잘못되었다면 그의 이론은 무엇을 잃게 되는가?**

— 밀이 인간의 본성이라고 가정하는 것 가운데 가장 중요 한 것 하나를 꼽는다면 어떻게 해야 자신들의 의견과 행동 에 관해 가장 잘 배울 수 있느냐, 하는 것이다. 심지어 옳은 의견을 가진 사람일지라도 반대 의견의 도전을 받고 그 반 박에 대해 자기 입장을 명확히 옹호할 수 있어야 자신의 의 견을 제대로 이해하는 것이라고 밀은 주장한다. 남들과 다른 행동들에 대해서도 똑같은 주장이 유효하다. 그러나 밀의 신 념은 논란의 여지가 있고, 사람들이 반대 의견에 직면해야 자신들의 의견과 가치를 가장 잘 이해할 수 있는 것인지는 의문스럽다. 예를 들면, 경우에 따라서는 도발적인 견해 때 문에 불필요하게 감정이 상하고 혼란스러워질 수도 있다는 주장이 가능하다. 이처럼 개별성의 사회적 유용성에 근거하

는 밀의 견해는 그의 신념이 옳지 않으면 이론의 힘도 어느 정도 상실된다. 밀은 자신의 이론이 전체 행복의 관점에서 가장 바람직한 결과를 이끌어낸다는 것을 보여줄 수 있어야 한다. 만약 사람들이 반대 의견과 비(非)동화에서 배우는 것이 전혀 없다면, 자유가 공리성을 증대시킨다는 주장을 펼치기가 훨씬 어려워진다. 그리고 인간의 본성에 관한 밀의 관점이 옳지 않다면, 이 논거는 수많은 수사학적 힘도 잃을 것이다. 대부분의 의견과 행동들이 전적으로 옳지는 않다는 밀의 주장은 맞을지 모르지만, 대다수 사람은 자신들의 견해가 옳다고 믿고 있다. 이처럼 사람들이 옳을 때도 타인의 도전을 받는 것이 좋다는 밀의 견해가 잘못된 것이라면, 그의 다른 논의들도 독자에게 공감을 불러일으키지 못할 것이다. 왜냐하면 깊숙이 간직한 신념에 대해 자신들이 잠재적으로 틀렸다고 반드시 생각할 필요는 없을 것이기 때문이다.

3. **밀은 사회에 영향을 미치는 사회개혁가들에게 어떤 여지를 남겨두고 있는가?**

— 밀의 이론은 사회개혁가들을 억제하는 동시에 용기를 북돋아주는 것으로 간주될 수 있다. 어느 면에서 보면, 그의 이론은 사회 개혁에 많은 여지를 남겨둔다. 사회가 진보하는 유일한 길은 말과 행동에서 개별성을 표현하도록 허용하는 것이라고 믿고, 관습에 얽매이지 않는 견해들이 표현될 여지를 남겨두는 것. 예를 들면, 밀은 사회개혁가들에게 자유롭게 말하는 것을 금지하거나 동의하지 않는 사회 규범에 맞추도록 강요하는 것을 지지하지 않는다. 이런 방식으로 개혁가들은 마음속에 품은 이상적인 사회를 추구할 수 있는 자유를 많이 부여받겠지만, 밀이 갖고 있는 자유 개념에 의해 좌절을 맛보기도 할 것 같다. 밀은 사회개혁가들이 법적으로

나 사회적으로 제약을 받지 않아야 한다고 생각하면서도 그들 역시 다른 사람들에게 똑같이 해야 한다고 주장할 것이기 때문이다. 따라서 밀은 19세기의 금주운동이나 매춘 반대운동 같은 것들을 지지하지 않을 것이다. 개혁가들은 사람들을 설득해서 사회에 대한 견해를 바꾸려고 노력할 수 있다는 것, 사회를 구조화하는 더 좋은 방법과 더 나쁜 방법이 존재한다는 사고방식, 그리고 그들이 생각하는 사회의 변화 모습이 옳을 수도 있다는 것을 밀은 인정한다. 그러나 개혁가들의 견해가 옳다는 것과는 상관없이, 강제로 사람들을 자신들의 견해에 맞춰 개조하려고 해서는 안 된다는 것이 밀의 생각이다. 개별성의 가치를 아주 높게 생각하는 밀의 체계에서는 결과적으로 개혁가들이 사용하는 많은 전통적인 방법들은 허용되지 않는다.

4. 밀의 독자는 누구인가? 독자들은 어떻게 밀의 사례 선택과 논거 전개에 영향을 미치고 있는가?

5. 이 책에서 '진보'의 역할을 검토하라. 그는 진보를 어떻게 정의하고, 진보는 그의 주장에 어떻게 활력을 불어넣는가? 그의 이론이 진보의 개념 없이 지탱할 수 있는가?

6. 밀이 생각하는 어린이들의 권리는 무엇인가? 사회의 의무에 대한 밀의 기술에서 어린이들은 어떻게 등장하는가?

7. 이 책이 역사적인 논거가 되는 방식과 추상적 이론을 제시하는 방식에 대해 논하라. 밀의 논거는 두 가지 접근 방식 중에서 어느 하나가 없어도 성립하는가?

8.   마르쿠스 아우렐리우스 황제의 기독교도 박해를 통해 밀이 전달하
     고자 하는 이야기는 무엇인가?

9.   밀이 개별성이 사회 발전에 필요하다고 믿는 이유는?

10. 사회가 자신들이 좋아하지 않는 행위들에 대해 표현할 수 있도록
     밀이 남겨놓은 불승인의 수단은? 밀은 그 같은 불승인을 어떻게 정
     당화하는가?

11. 밀이라면, 권총 판매를 금지하는 법에 대해 어떻게 대답할까?

다음 질문에 알맞은 답을 고르시오.

1. 존 스튜어트 밀의 국적은?
   A. 프랑스
   B. 독일
   C. 영국
   D. 러시아

2. 존 스튜어트 밀은 몇 세기에 이 책을 저술했는가?
   A. 19세기
   B. 17세기
   C. 14세기
   D. 20세기

3. 밀에 따르면, 사회가 사람들의 행동을 처벌할 수 있는 경우는?
   A. 행동이 대다수의 의지와 반대될 때
   B. 사회적 응집력에 해를 끼칠 때
   C. 행동이 타인에게 해를 끼칠 때
   D. 해당 사항 없음

4. 밀은 교육이 어떻게 되어야 한다고 믿는가?
   A. 국가에 위임되어야 한다.
   B. 부모의 소망에 의해 결정되어야 한다.
   C. 어린이의 소망에 의해 결정되어야 한다.
   D. 다수 의견에 의해 결정되어야 한다.

5. 만약 제임스가 제시카의 개인적인 낭비벽에 동의하지 않을 경우, 밀이 그에게 제시할 수 있는 방안은 무엇인가?

   A. 그 행위를 금지하는 법을 통과시키려고 한다.

   B. 모든 사회적 직무에서 그녀를 배제시킨다.

   C. 그런 버릇을 계속하지 못하게 막으려고 노력한다.

   D. 해당 사항 없음

6. 밀은 다음 중 어느 것을 통해 개별성의 자유를 정당화하려고 하는가?

   A. 사회적으로 이익이 된다는 것을 보여줌으로써

   B. 사회계약에 의해 요구된다는 것을 보여줌으로써

   C. 하나님에 의해 명령받았다는 것을 보여줌으로써

   D. 해당 사항 없음

7. 공리주의자는 어떤 사람인가?

   A. 권리가 자연법에서 파생되었다고 믿는 사람

   B. 자신들의 도덕성을 결정하면서 행위들의 결과를 무시하는 사람

   C. 어떤 것이 사회적 선을 증진시키느냐에 의해 선을 판단하는 사람

   D. 이성(理性)이 사람들에게 억지로 어떤 보편적인 격률들을 받아들이게 만든다고 말하는 사람

8. 밀이 1장에서 정의하는 자유는?

   A. 구속으로부터의 자유

   B. 자신이 원하는 대로 할 수 있는 자유

   C. 자유의지가 진정으로 존재하는가에 대한 질문

   D. 사회가 개인에 대해 가질 수 있는 권한의 본질과 한계

9. 밀이 의견의 자유를 옹호하는 이유 중에 속하지 않는 것은?

   A. 대중의 의견이 틀릴 수 있다.

   B. 두 가지 견해가 모두 부분적으로 사실일 수 있다.

C. 사람들의 의견에 대해 논쟁하는 것이 그 의견을 진정으로 이해
하는 유일한 방법이다.

D. 자연법은 의견들을 신성한 것으로 간주하도록 요구한다.

10. **자유를 보호해 주어야 한다는 밀의 요구가 적용되는 사람은?**

A. 어린이들

B. 야만인들

C. 여성들

D. 해당 사항 없음

11. **중혼(重婚)에 대한 밀의 입장은?**

A. 특이한 사회악이기 때문에 금지되어야 한다.

B. 타인들에게 안 좋은 사례로 사용되기 때문에 금지되어야 한다.

C. 고결한 것이기 때문에 허용되어야 한다.

D. 사적인 관계이기 때문에 허용되어야 한다.

12. **밀은 행동의 제약에 대해 어떻게 생각하는가?**

A. 의견보다 더 빈번히 제약될 수 있다.

B. 의견보다 덜 빈번히 제약될 수 있다.

C. 어떤 상황에서도 제약될 수 없다.

D. 어떤 상황에서도 제약될 수 있다.

13. **밀이 생각할 때, 기독교인들이 소수였을 때 박해받았다는 사실이
함의하는 것은?**

A. 기독교인들이 권력을 잡을 때는 언제나 타인들을 박해해야 한다.

B. 기독교인들은 전반적으로 박해에 반대해야 한다.

C. 기독교인들은 자신들이 소수일 경우에만 박해에 반대해야 한다.

D. 해당 사항 없음

14. 밀이 생각할 때, 행동이 다른 사람들에게 '해를 끼치는' 때는?

   A. 나쁜 예가 될 때

   B. 타인들을 화나게 할 때

   C. 허용된 윤리규정을 어길 때

   D. 개인의 의무를 이행하지 않을 때

15. 밀은 도박시설의 소유를 어떻게 생각하는가?

   A. 도박하는 것과 차이가 없으므로 허용해야 한다.

   B. 도박하는 것과 차이가 없으므로 허용하지 말아야 한다.

   C. 도박하는 것과는 다른 도덕적 문제다.

   D. 해당 사항 없음

16. 밀에 따르면, 사람들이 사회에 빚지고 있는 것은 무엇인가?

   A. 사회에 대한 타인들의 기본적인 주장을 침해하지 않아야 하는 것

   B. 다른 사람들에게 해를 끼치지 않아야 하는 것

   C. 사회와 그 구성원들을 방어하기 위해 일하는 것

   D. 전부

17. 밀이 생각하는 기독교 도덕은?

   A. 어떻게 행동해야 하는지에 대한 완벽한 진리다.

   B. 옳지만 완벽한 진리는 아니다.

   C. 완전히 거짓이다.

   D. 부분적으로 거짓이다.

18. 밀이 진리에 대한 박해가 정당할 수 있다는 주장을 거부하는 이유는?

   A. 순교자들에게 불공평하기 때문이다.

   B. 순교자들이 가져다주는 진리에 대한 존중 결핍을 보여주기 때문
      이다.

C. 진리가 수세기 동안 상실될 수도 있기 때문이다.

D. 전부

19. **밀은 사람들이 무엇에 의해 가장 잘 배울 수 있다고 생각하는가?**

A. 다른 의견을 가진 사람들과의 토론을 통해

B. 권위 있는 인물의 신념을 받아들임으로써

C. 어떤 신념이 왜 진실인가에 대한 이유를 배움으로써

D. 사실들을 기억함으로써

20. **밀은 주로 누구를 대상으로 글을 쓰고 있는가?**

A. 회교도

B. 유대교도

C. 기독교도

D. 힌두교도

21. **밀은 개별성을 어떤 것이라고 생각하는가?**

A. 민주화에 의해 방해받는 것

B. 사회의 안정성을 해치는 것

C. 사회의 발전에 위협이 되는 것

D. 여론에 의해 권장되는 것

22. **밀이 제시하는 중국의 모습은?**

A. 영국이 따라가야 할 모델

B. 정체(停滯)된 나라

C. 개별성을 증진시키는 나라

D. 비(非)동화를 존중하는 나라

23. 밀은 개별성을 어떤 것이라고 생각하는가?

A. 사회의 선을 해친다.

B. 개인의 선을 희생해서 사회의 선을 증진시킨다.

C. 개인과 사회에 좋다.

D. 개인과 사회에 나쁘다.

24. 밀은 술에 대해 어떻게 생각하는가?

A. 개인에게 해롭기 때문에 금지되어야 한다.

B. 어린이들에게 나쁜 선례가 되기 때문에 금지되어야 한다.

C. 사용을 저지하기 위해 과중한 세금을 부과해야 한다.

D. 해당 사항 없음

25. 밀은 영국 사회를 어떻게 생각하는가?

A. 개별성 자체를 선한 것으로 존중한다.

B. 정체의 위험에 빠져 있다.

C. 일반적으로 개인의 자유를 보호한다.

D. 전부

정답 |

1. C   2. A   3. C   4. A   5. D   6. A   7. C   8. D   9. D   10. C

11. D   12. A   13. B   14. D   15. C   16. D   17. B   18. D   19. A   20. C

21. A   22. B   23. C   24. D   25. B

권 말 부 록

一以貫之 논술노트

'배고픈 소크라테스'를 위한 자유 ○

실전 연습문제 ○

一以貫之는 '논어'에 나오는 말로 '모든 것을 하나의 이치로 꿴다'는 뜻입니다.

논술의 주제와 문제 유형, 제시문들은 참으로 다양하고 가지각색입니다. 그러나 그 모든 것을 하나로 꿸 수 있습니다. '인간사회의 보편적 문제들에 대한 근원적인 물음에 답하는 자기 나름의 견해'라는 것이지요. 논술은 인간이면 누구나 부닥치는 개인적 또는 사회적 문제들에 대한 자기 나름의 고민이자 성찰입니다. 논술은 자기견해, 자기 가치관, 자기 삶에 대한 솔직한 고백입니다.

一以貫之 논술연구모임은 '자신의 물음'과 '자신의 생각'을 갖고 '자신의 글'을 쓸 수 있도록 도와줍니다.

〈집필진〉
우한기, 김재년, 이호곤, 우한기, 박규현, 김법성, 김병학, 도승활, 백일, 우효기, 조형진

'배고픈 소크라테스'를 위한 자유

〈자유론〉, 쉬우면서 어려운

'강정구 교수'를 기억하실지 모르겠다. 학술토론회에서 역대 정권을 친미사대주의로, 6. 25를 '북한의 통일전쟁'이라고 주장했다가 여론의 집중 포화를 맞았던 양반이다. 보수 언론은 물론이고 학계마저 그를 처벌해야 한다며 '여론'을 거들었다. 굳이 이 사건을 들먹이는 것은 우리의 존 스튜어트 밀이 이 논란에 등장하기 때문이다. 여론몰이에 반발해 '민주화를 위한 전국교수협의회'(민교협)에서 발표한 성명서에 저 유명한 밀의 말이 나온다.

"어떤 의견이 강제적으로 침묵될 경우, 그 의견은 진실일 수 있다. … 이를 부정하는 것은 우리 자신의 무오류성을 가정하는 것이다."

"다수자의 사상이 완전한 진리이고 소수자의 그것이 틀린 것이라 하더라도 그 다수자의 사상에 생명을 불어넣어주며 힘을 실어주려면 항상 그것은 소수자의 반대설에 의해서 비판되어야 한다."

　　이때 보수진영의 대표로 나선 이가 송호근 교수다. 그는 한 신문의 칼럼에서, 밀의 자유주의가 봉건세력에 대항하는 부르주아지의 이념적 무기였고 자본의 전성시대를 여는 사상적 열쇠였다고 말한다. 그러면서 "최소한의 예의가 없는 자유는 권리도 없다'는 것이 밀의 자유론의 핵심"이란 말로 글을 끝맺는다. 송호근의 주장은 둘 다 근거가 없다. 밀의 자유주의가 등장할 때는 이미 봉건세력이 사라진 시대다. 밀이 무제한적인 사상의 자유를 옹호한 것은 민주주의가 성립되면서 대중의 여론이 소수의 목소리를 짓밟는 풍토를 경계한 것이다. 또 '최소한의 예의' 운운은 〈자유론〉의 핵심이기는커녕 밀이 아주 경계하는 논리다. 다수파가 소수파를 탄압할 때 흔히 써먹는 수법 중의 하나가 '예의' 운운인데, 그것이 바로 '언어폭력'이다. 강정구가 근거 없는 주장을 펼친다면서 '예의'를 들먹인 것 같은데, 밀을 왜곡하는 걸 보면 그 말은 자기에게 적용해야 할 듯하다. 그가 강정구를 제대로 비판하려면, 밀의 얘기 중 "타인에게 해를 입히는 경우에는 자유를 제한한다"는 대목을 짚었어야 했다. 그렇다고 해도 비판이 성립되는 건 아니다. 밀에게 이건 어디까지나 예외규정이다. 예외로 본령을 이길 수는 없다.

　　밀의 〈자유론〉은 아주 쉽다. "자기에게만 영향을 미치는 행위는 무한대로 자유롭다. 그러나 타인에게 피해를 주는 행위는 제한해야 한다." 이렇게 쉬운 게 어디 있나. 게다가 감동적이다. 쉬우면서 감동적이라 누구나 써먹기 딱 좋다. 그런데 역설적이게도, 바로 이 점이 밀을 제대로 이해하는 데 걸림돌이 된다. 이쪽저쪽 가릴 것 없이 밀을 인용하지만, 저마다 자기 입맛대로 끌어다대기 때문이다. 누굴 탓할 건 아니다. 밀 자신이 워낙 그렇게 썼으니까. '강정구 사건'도 그렇다. 한쪽에서는 '자기를 향한 무제한의 자유'를 들고, 다른 한쪽에서는 '타인에게 해를 끼치는 자유의 제한'을 든다. 같은 밀이 극과 극으로 갈린다.

이런 일이 생기는 것은 어디까지가 자기를 향한 것이고 어디부터가 타인을 향한 것인지 그 경계가 모호하기 때문이다. 사회적 존재인 개인의 행위가 자기에게만 영향을 미칠 리 만무하지 않은가. 저마다 자기가 하고 싶은 말과 행동을 할 수 있다(자율성)고 주장할 때의 밀과 타인에게 해를 끼치거나 마땅히 지켜야 할 의무를 위반했을 때 규제해야 한다(사회성)고 주장할 때의 밀은, 얼핏 일관된 것 같지만 막상 따지고 들면 참 어렵다. 자율성이란 건 저마다의 것이기에 방향성이 없지만, 사회성이란 건 어떤 방향성을 전제로 하기 때문이다. 여기서 파생되는 문제지만, 그가 상대주의자인지 절대주의자인지도 헷갈린다. 자율성과 다양성은 상대적이다. 반면, 사회적 도덕이나 의무는 절대주의까지는 아니더라도 아무튼 특정한 진리를 바탕에 깔고 있다. 그는 공리주의자답게 서론에서 '효용이 모든 윤리적 문제의 궁극적 기준'이라고 밝힌다. 이처럼 기준을 밝혔다는 점에서 그를 상대주의자로 보기는 힘들 것 같다. 그러나 '인간은 생명을 불어넣어주는 내면의 힘에 따라 온 사방으로 스스로 자라고 발전하려는 나무와 같은 존재'(3장)라고 할 때의 밀은 틀림없는 상대주의자다.

자유라고 하는 것이 사회적 관계를 무시하면서까지 옹호되어야 할 가치는 아니다. 따라서 모든 자유는 '일정한 틀 속의 자유'일 수밖에 없다. 문제는 '틀'과 '자유' 중 어느 쪽에 강조점을 두느냐다. 틀을 강조하면 그 자유는 근원적 제약을 갖는다. 반면, 자유를 강조하면 그것은 틀을 뛰어넘을 수 있는 가능성에 문을 연다. 밀이 쉬우면서도 어려운 이유는 그가 이 둘 중 어느 것에 중심을 두는지 불분명하기 때문이다.

그렇지만 나는, 밀이 이렇게 애매하게 쓴 이유가 딴 데 있다고 본다. 밀이 주장하려는 자유가 모두의 자유가 아니라, 똑똑한 소수자의 자유였기 때문이라는 게 내 생각이다. 겉으로는 모두의 무제한적인 자유를 주장하지만, 그 자유를 아무나 누릴 수 있는 것은 아니다. 다수 대중은 쉽게 여론에 휩쓸리는 경향이 있다. 그냥 휩쓸리는 정도가 아니라, 자기가 받아들인 견해와 다른 견해를 내놓는 개인이나 소수파를 감정적으로 내치려는 경향조차 있다. 이런 대중독재의 풍토에서 개성 있는 개인을 지키려는 것이 곧 밀의 의도였다는 것. 따라서 그의 자유는 처음부터 '방향성을 갖는 자유'였다. 이 문제는 본론에서 중점적으로 다루도록 하자.

아무튼 공리주의자이면서 자유주의자인 밀은 자율성과 사회성 사이에서 무척 고민했을 게다. 이것은 밀만 고민할 문제는 아니다. 바로 오늘날 우리 사회가 안고 있는 문제이기도 하다. 양심적 병역 거부, 생명공학과 도덕의 충돌, 인터넷 실명제 따위는 밀의 양 측면을 모두 안고 있다. 〈자유론〉을 파고드는 것은 밀을 이해하기 위해서이기도 하지만, 무엇보다 오늘 우리의 문제를 해결할 실마리를 찾고자 함이다.

민주주의의 문제점

밀이 이 책을 쓸 즈음, 인민들은 과거에 그들을 속박하던 국가권력에서 벗어났다. 대의 민주제가 실현됨에 따라 인민 스스로가 정부를 구성하기에 이른 것. 이제 직접 지배자를 선출하고, 그들에게 철저히 책임을 지게끔 하며, 그렇지 못할 때는 즉시 물러나게 할 수 있다. 말 그대로 인민의 권력이다. 그런데 바로 이 민주주의가 문제다. 자칫 다수의 횡포를 부를 수 있기 때문이다. 밀이 가장 경계하는 것이 바로 이것이다. 이 다수는 결코 똑똑하지 않다. 관습과 통설에 휩쓸린 우중(愚衆)이다. 제 생각이 있다면 그렇게 휩쓸릴 까닭이 없을 테니까.

다수의 횡포는 두 가지 방식으로 전개된다. 하나는 자기가 차지한 권력으로 소수파를 탄압하는 법적인 형식이고, 다른 하나는 관습이나 여론, 통설로 소수자를 제압하는 형식이다. 특히 밀은 두 번째 횡포를 경계한다.

사회에서 널리 통용되는 의견이나 감정이 부리는 횡포, 그리고 사회가 통설과 다른 생각과 습관을 가진 사람들에게 법률적 제재 이외의 방법으로써 윽박지르면서 통설을 행동 지침으로 받아들이도록 강요하는 경향에 대해서도 대비해야 한다.(23쪽. 쪽수는 〈자유론〉 서병훈 옮김 책세상 참고)

민주주의는 다수 대중이 권력을 장악하는 체제다. 그런데 이 다수성이 문제다. 머릿수로 소수파를 몰아붙이는 것은 법적인 제약보다 훨씬 막강하다. 이 문제는 오늘 우리 사회에서도 심각하게 제기되고 있다. 황우석 사건이나 독도 영유권 문제, 영화 '디 워'를 둘러싼 논란에서 네티즌들이 보여준 행태를 보라. 자기와 다른 견해를 가진 사람을 말도 못하게 억압하는 대중독재를 그대로 드러낸다. 이런 현실에서 만나는 밀은 참으로 대단한 통찰력을 가졌다.

　사람들은 흔히 〈자유론〉이 '자유의 한계'를 제시한 것으로 받아들인다. 이 말이 꼭 틀린 건 아니다. 그러나 밀은 서론에서 '이 책의 목적'을 밝히면서 분명히 말한다. 그가 제시하고자 한 것은 자유의 한계가 아니라, '권력의 한계'다.

　인간 사회에서 누구든—개인이든 집단이든—다른 사람의 행동의 자유를 침해할 수 있는 경우는 오직 한 가지, 자기보호를 위해 필요할 때뿐이다. … 이 유일한 경우를 제외하고는 구성원의 자유를 침해하는 그 어떤 권력의 행사도 정당화될 수 없다.(30쪽)

　'자유의 한계'든 '권력의 한계'든 결국 하나의 지점에서 만난다. 그러나 이 둘 중 어느 쪽에 주목하느냐에 따라 의미는 다르다. 자유의 한계에 주목하면, 결국 특정한 틀 속에 사람을 묶는 데 관심을 갖게 된다. 반면, 권력의 한계에 주목하면, 무엇보다 틀을 박차고 마음껏 자기주장을 펼치는 사람의 보호 쪽에 관심을 갖게 된다. 밀의 의도가 잘 드러나는 대목이다.

무제한적인 표현의 자유

'생각과 토론의 자유'를 다룬 〈자유론〉 2장은 이 책 전체를 통틀어 가장 아름답고 감동적이다. 그가 표현의 자유에 크게 주목한 이유는 대중독재에 맞서는 유력한 대안이기 때문이다. 2장의 시작부터 그는 분명한 어조로 선언한다.

전체 인류 가운데 단 한 사람이 다른 생각을 가지고 있다고 해서, 그 사람에게 침묵을 강요하는 일은 옳지 못하다. 이것은 어떤 한 사람이 자기와 생각이 다르다고 나머지 사람 전부에게 침묵을 강요하는 일만큼이나 용납될 수 없는 것이다.(42쪽)

표현의 자유가 중요한 이유는 네 가지다. 첫째, 침묵을 강요당하는 의견이 진리일 가능성이 있다. 둘째, 설사 틀렸더라도, 부분적으로는 진리를 담고 있을지도 모른다. 셋째, 통설이 전적으로 옳더라도 반대 의견의 시험을 받아야 한다. 넷째, 시험을 받지 않은 의견은 하나의 헛된 독단적 구호로 전락하게 된다. 이런 이유로 해서 사람들에게 억지로라도 양쪽 의견을 모두 듣게 해야 한다.

특히, 2장은 기독교인들이 꼭 봐야 한다. 밀은 2장의 절반가량을 기독교의 오만과 독단을 경계하는 데 할애한다. 기독교의 교리 역시 사람의 해석에 불과하다. 따라서 다양한 세속적 견해에 귀를 기울여야 진실로 예수의 가르침에 다가갈 수 있다. 기독교인들은 최고의지, 즉 신에게 복종하는 것만 생각하지, 최고선을 실천하려는 노력을 하지 않는다. 그는 또 기독교인들이 이교도들의 편견을 없애려면, 먼저 자신들부터 이교에 대한 편견을 없애라고 갈파한다. 그렇지 않고 지금처럼 자기 진리에 갇힌다면, 장차 저속하고 비열하며 노예근성을 지닌 사람(98쪽)으로 전락할 것이라고 경고한다. 왜냐하면, 기독교 교리는 적극적으로 '~을 하라'고 하기보다는 '~을 하지 말라'는 금지와 복종의 교리이기 때문이다.

표현의 자유는 절대적 진리, 즉 오류 없는 진리는 없다는 발상을 전제로 한다. 그런데도 다수의 사람들은 통설적인 관념이나 관습을 손쉽게 진리로 삼아 거기 기댄 채 안심한다. 이것은 이성적인 판단에서 나온 결론이 아니라, 안전한 길을 택했다는 안도감일 뿐이다. 그들은 그 안도감을 깨뜨리는 반대 의견을 악으로 여기는 '감정'에 물든다. 이런 사회는 변화와 발전을 기대할 수 없다. 그래서 더더욱 표현의 자유가 중요하다. 사람들이 다른 의견에 귀 기울여 스스로를 돌아볼 기회를 가지는 것만으로도 그 사회는 희망을 품을 수 있다.

토론의 자유를 위해서는 언어폭력을 막아야 한다. 그런데 이 언어폭력이란 말을 주로 강조하는 것은 다수파다.

그들은 소수파더러 '예의가 없다'고 비난한다. 독설, 빈정댐, 인신공격 따위의 낱말을 상대방에게 적용하는 것이다. 그러나 정작 언어폭력을 행사하는 자들은 다수파다. 따라서 대등한 토론을 위해 공격을 차단해야 할 쪽은 소수파가 아니라, 다수파다. 소수파의 목소리를 듣는 것이 우선이다. 얼핏 '100분 토론'에 나왔던 진중권의 수난이 떠오른다.

개별성과 다양성 – 엘리트를 위하여

밀이 무제한적인 자유를 강조하는 가장 큰 이유는 개별성(개성, 자발성, 독창성, 자율성)을 실현하는 유일한 길이기 때문이다. 그럼, 이 개별성은 왜 그렇게 중요하고 절실한가? 그것은, 개별성의 자유로운 발달이 인간을 행복하게 하는 요소이기 때문이다. 이때의 인간은 한 개인만이 아니라, '문명, 지식, 교육, 문화'를 총칭한다. 즉, 개별성만이 개인과 사회 모두의 발전을 이루는 핵심 요소다.

불행히도 현대인들은 개별성을 잃어버렸다. 가장 높은 사람에서부터 가장 낮은 사람에 이르기까지 모두가 적대적인 시선과 가공할 만한 검열의 위협 속에 살고 있기 때문이다. 그 결과는 무엇인가?

다른 사람에게 관계되는 일뿐만 아니라 자신에게만 관계되는 일에 대해서조차, 개인이나 가족을 막론하고, 자신이 무엇을 더 좋아하는지, 자기 성격과 취향에 맞는 것은 무엇인지, 또는 어떻게 해야 자신의 타고난 최고·최선의 재능을 충분히 발휘하고 최대한 키울 수 있는지 고민하지 않게 되었다. 대신 자신의 위치에 어울리는 것이 무엇인지, 자기와 비슷한 신분의 사람, 또는 경제적 여건이 비슷한 사람이 주로 무엇을 하는지, (심지어는) 자기보다 높은 위치의 사람이 즐겨하는 것이 무엇인지 궁금해 한다.(116쪽)

한마디로 모두가 같아져버렸다는 것이다. 이렇게 획일화된 사회는 어떤 발전도 기대할 수 없다. 사회가 발전을 기약할 수 있으려면 개별성과 이것에서 파생되는 다양성을 지녀야만 한다. 사람은 사회적인 존재다. 자기 자신에게 고귀하고 고결한 사람은 그 때문에 다른 사람에게도 가치 있는 존재가 된다. 이렇게 가치 있는 존재들 사이에서 진정한 연대가 싹튼다. 그래서 개별성이 발전과 같은 것이라고 말하는 것이다. 이런 밀에게 독재는 개별성을 짓밟는 체제다. 민주주의의 외피를 쓰더라도 마찬가지다. 그것은 민주주의의 탈을 쓴 대중독재 체제일 뿐이다.

그렇지만 발전을 위해 개별성을 발휘해야 하는 것은 아니다. 사실상 그것은 발전이란 목표를 위해 개별성을 희

생시키는 것이기 때문이다. 개별성은 그 자체로서 바람직
하다. 개인은 다른 누구도 아닌 바로 그 자신이기 때문이다.
발전은 이런 개별성이 발휘된 결과일 뿐이다.

누구든지 웬만한 정도의 상식과 경험만 있다면, 자신의 삶을
자기 방식대로 살아가는 것이 가장 바람직하다. 그 방식 자체가
최선이기 때문이 아니다. 그보다는 자기 방식대로 사는 길이기 때
문에 바람직하다는 것이다.(127쪽)

그러기에 모든 사람에게 똑같은 환경이나 조건을 부여
하는 사회는 결코 바람직하지 않다. 그 환경은 어떤 사람에
게는 도움이 되지만, 어떤 사람에게는 방해물이 될 수 있다.
따라서 각자의 경우에 맞는 다양한 삶의 형태가 허용되어
야만 행복에 이를 수 있다. 이런 풍토 속에서만 사회를 행
복으로 이끄는 행복한 개인이 자랄 수 있다. 사회가 해야
할 일은 바로 이런 풍토를 만드는 것이다.

이제 우리는, 밀이 왜 그토록 표현의 자유를 강조했는
지 제대로 이해할 수 있다. 그가 보호하려는 표현의 자유는
'약자'를 위한 것이 결코 아니다. 약자는 다수 여론에 휩쓸
려버린 대중 자신이다. 이런 약자들이 머릿수로 밀어붙여
강자로 군림하는 것이 오늘날의 세태다. 따라서 표현의 자유,
그에 따르는 행위의 자유는 천재적이고 탁월한 소수가 다

수의 여론에 휩쓸려 자기 개성을 실현할 수 없게 해서는 안 된다는 의도에서 나온 것이다. 그가 예로 드는 인물이 소크라테스, 예수, 뉴턴 등이라는 점은 우연이 아니다. 여기에는, 그런 탁월한 개인을 억압하는 사회는 결코 발전할 수 없다는 발상이 짙게 깔려 있다. 이 건강한 개별자들이 자기 방식대로 사회에 참여할 때, 그 사회는 변화를 기약할 수 있다.

고로, 밀은 민주주의자라기보다는 엘리트주의자다. 이런 점에서 그는 플라톤을 무척 닮았다. 플라톤이 이상국가를 세우기 위해 철인통치를 주장했듯, 밀도 사회의 발전을 위해 엘리트들이 발언하고 행동할 수 있기를 바란다. 다만, 밀이 살던 시대는 플라톤의 시대와 달리 이미 민주주의가 깊숙이 뿌리내린 상태였다. 그런데 이 민주주의란 우매한 대중이 권력을 장악하는 것을 뜻한다. 그런 상황에서 탁월한 소수는 험악한 여론몰이에 내몰릴 위기에 처한다. 이 위기에서 벗어날 방도가 바로 무제한의 자유다.

그저 그런 정도의 능력밖에 갖지 못한 다수 보통사람들의 주장이 점점 압도적인 힘으로 온 세상을 지배하는 요즘 같은 때에는, 널리 통용되는 의견의 잘못을 지적하고 시정할 수 있도록 뛰어난 사상을 지닌 사람들의 개별성이 더욱 발휘되어야 한다.(126쪽)

이제 왜 밀이 '자유의 한계'보다 '권력의 한계'를 강조했는지 아시겠는가? 그가 말하는 자유는 엘리트의 발언과 행위에 초점이 맞춰져 있다. 당연히 그가 말하는 권력은 그저 그런 정도의 능력밖에 갖지 못한 다수 보통사람들의 권력이다. 최대한의 자유와 최소한의 권력이라는 발상이 절로 나올 법하지 않은가.

어찌 보면, 밀 자신이 이 소수자다. 그는 지금 자기 같은 천재적 소수자가 발언할 수 있는 통로를 스스로 열고 있다. 이를 위해 다수 우매한 대중을 향해 무제한의 자유를 강변하고 있다. 통설과 관습에 휘말려서는 결코 자기다운 삶을 살지 못한다고, 그래선 어떤 발전도 이룰 수 없다고, 그러니 스스로 개별성을 확립하기 위해 노력하라고, 설령 본인이 그러지 못하더라도 창조적인 개인이 발언하고 표현할 기회마저 봉쇄해서는 안 된다고, 그런 개인이 사회적인 활동을 펼칠 수 있도록 길을 열어주라고. 이것이 〈자유론〉의 의도였고, 그 의도를 티 안 나게 관철시키려다 보니 애매한 측면이 그토록 많이 생긴 것이다.

그가 '질적 공리주의'를 주창한 것도 이런 측면에서 접근하면 어렵잖게 이해할 수 있다. 그는 '최대 다수의 최대 행복'이 결코 수량이나 물질로 실현될 수 없다고 본다. 정신적 고결함을 배제한 최대 다수의 최대 행복은 말 그대로 '배부른 돼지' 철학이 되고 만다. 진정한 행복은 정신적인 만족에서 나온다. 최대 다수가 이런 의미의 최대 행복을 누리게 하기 위해서라도 '배고픈 소크라테스'가 반드시 있어야 한다. 이 배고픈 소크라테스는 벤덤의 공리주의를 정면으로 거스르는 자다. 그러나 그는 이 과정에서 최대 다수의 최대 행복을 구현하는 선각자의 구실을 함으로써 충분히 보상받을 수 있다. 그러니 주릴지라도 그건 스스로가 책임질 일이니 신경 쓰지 말고, 적어도 입만큼은 막지 말라!

자유의 한계? 권력의 한계!

밀의 관심은 어디까지나 무제한의 자유에 있다. 권력은 사상의 자유, 표현의 자유에 개입해서는 안 된다. 한마디로, '자유를 위한 권력의 한계'다. 다만, 여기에는 예외가 있다. '그 자유가 타인에게 피해를 입히는 경우'에 한해서만큼은 권력이 자유를 제한할 수 있다. 이를 일컬어 '자유의 한계'라고 할 수 있겠지만, 이것은 말 그대로 예외일 뿐이다. 그래서 이 내용을 다루는 4장의 제목이 '사회가 개인에 대해 행사할 수 있는 권한의 한계'다. 밀의 말은, "이 경우에 한해서만 권력이 개입할 수 있다, 그렇지 않을 때라면 언제나 무제한의 자유를 허용해야 한다"는 것이다.

밀이 행동의 규칙으로 제시한 것은 두 가지다.

첫째, 다른 사람들의 이익, 좀더 구체적으로 말하면, 명시적인 법 규정 또는 암묵적인 이해에 따라 개인의 권리로 인정되어야만 하는 특정 이익을 침해해서는 안 된다. 둘째, 각자는 사회를 방어하는 데 또는 사회구성원이 공격이나 괴롭힘을 당하지 않도록 하는 데 필요한 노동과 희생 가운데서 자기 몫을 감당해야 한다. 이런 의무를 거부하는 개인이 있으면 사회는 무슨 수를 써서라도 그것을 강제할 수 있다.(141, 142쪽)

이 장은 오랜 기간 동안 논란거리였다. 주된 논란은, 1) 자신에게 영향을 미치는 행위와 타인에게 영향을 미치는 행위의 구분이 과연 가능한가, 2) 타인에게 피해를 끼치는 경우에 권력이 개입하는 건 그렇다손 치더라도 사회구성원으로서 마땅히 해야 할 의무를 이행하지 않았을 때 개입하는 것을 인정할 수 있는가, 그렇다면 이건 권력이 도덕의 지침을 제시하는 것으로서 자율성을 심각하게 해치는 것 아닌가, 등이다. 밀을 비판하는 많은 사람들이 이 문제를 각각 나누어서 언급하지만, 그것은 밀의 의도를 제대로 파악하지 못한 것이다. 밀에게 이 두 가지는 별개의 것이 아니라, 둘 다 '타인에게 해를 끼치는 경우'다.

밀 자신도 이 대목이 논란거리가 될 것이란 점을 잘 알고 있었다. 그것은, 사람들이 자기에게 "사회 속에서 사람이 하는 일 가운데 타인에게 아무런 영향도 끼치지 않는 것이 어디 있는가?"라고 물을 것이란 점을 언급(150쪽)하는 데서 알 수 있다. 정말 입증도 힘들고, 명확한 경계선을 긋기도 힘든 주장이다. 그런데도 과감하게 이렇게 주장했다. 왜 그랬을까? 이것은 앞서 살펴봤던 밀의 의도와 연관이 있다.

이것을 이해하기 위해 그가 법적 제재나 도덕적 비난을 기꺼이 용납하는 사례들을 살펴보자. 천박하거나 타락한 사람들이나 좋아하는 취향이 있고, 그런 사람을 경멸하는 것은 불가피하고 적절한 일일 수 있다(145쪽). 거짓으로 또는 표리부동하게 사람을 대하는 것, 불공정하게 또는 관대하지 못한 방법으로 남에게서 이득을 얻는 것, 심지어는 다른 사람이 위험에 빠져 있는데 이기적인 마음에서 모른 척하는 것, 등은 도덕적 비난 또는 심각할 경우에는 도덕적 징벌이나 처벌의 대상이 되어야 한다.(147쪽) 개인적이든 집단적이든 주변 사람들을 보호하는 데 필요한 규칙을 위반하면 사회는 그를 범법자로 다뤄야 한다.(149쪽) 이런 사례 하나하나가 모두 논란거리겠지만, 잠시만 참으시라. 이렇게 처벌과 비난의 대상이 될 행위들을 나열한 다음, 밀은 돌연 이렇게 말한다.

활력이 넘치는 독립적인 성격을 가진 사람은, 누군가가 자기에게 성격의 발전에 좋은 것이라면서 강제로 사려 깊음이나 자제

심을 불어넣어주려 한다면, 분명히 완강하게 저항할 것이다. 이런 사람은 자기만의 문제에 대해서는 다른 사람들이 결코 간섭해서는 안 된다고 생각한다.(155쪽)

이어서 그는 규찰대(moral police)의 사례들을 나열한다. 종교적 견해가 다르다는 이유로 다른 사람들의 종교적 관례(특히 금기)를 무시하고 혐오하는 경우, 미국에서 부자들의 사치를 혐오하는 경우, 음주가 자기의 사회적 권리를 침해한다고 여기는 경우, 즉 독한 술이 끊임없이 사회적 무질서를 초래하고 조장해서 안전이라는 나의 기본권을 해친다고 여기는 경우 등등. 이런 것들이 타인에게 피해를 준다는 이유로 금지된다면, 자유에 대한 어떤 형태의 침범도 정당화되지 못할 것이 없다.(166쪽)

이렇게 글의 흐름을 추적해 보면, 밀이 말하고자 하는 것이 무엇인지 짐작할 수 있다. 그는 겉으로는 권력이 무엇을 제한할 수 있는가를 말하지만, 실제로는 자유인이 어떤 제한까지를 용인할 수 있는가를 말하고 있다. 타인에게 법적·도덕적으로 명확하게 피해를 끼친 경우라면 제한을 충분히 받아들이겠지만, 자기가 무슨 짓을 하는지 충분히 알 만한 사람이 타인에게 피해를 끼칠 의사가 없이 벌인 행위였는데, 그것이 타인에게 불쾌한 감정을 불러일으켰다는 이유만으로 자유를 제한하는 경우라면, 용인할 수 없다. "이 정도의 불편은 자유라는 좀더 큰 목적을 위해 감수해야 한다."(154쪽) 그러나 이것은 어디까지나 그의 주관일 뿐이다. 따라서 이를 객관적으로, 즉 권력이 무엇을 제한할 것인가로 표현해야 했다. 이 과정에서 그토록 많은 논란거리가 생겼던 것이다. 주관적 의도를 객관화하는 것은 이렇게 어렵다. 밀이 그랬듯이, 진정한 자유인이고자 하는 사람이 영원히 추구해야 할 과제일지도 모른다.

밀에게서 배울 것─열린 자유관

지금까지 나는 밀의 의도를 중심으로 그의 논리를 재구성했다. 그 결과 남는 것은, 내가 남의 자유를 침해하지 않는 한 내가 누릴 자유는 무한하다는 것이다. 이 자유는, 우선 내가 스스로 나를 형성하는 요건이다. 그렇게 해서 어떤 결과를 낳을 건지는 이차적이다. 근본적으로 누구도 아닌 자기 자신이 나를 만드는 주체여야 한다. 가급적 그 결과가 좋으면 다행이겠지만, 설령 결과가 내 의도대로 되지 않는다고 하더라도 그 과정을 자율적으로 이끌었다는 점만으로도 내 삶은 충분히 의미가 있다. 나아가 이렇게 스스로를 만들 줄 아는 개성인이야말로 진정으로 타인을 존중하고 연대하는 사회인일 수 있다. 마르크스의 말마따나 '자유로운 개성인들이 자발적으로 연대하여 이루는 공동체'의 상이 여기서 나온다.

따라서 밀을 '소극적 자유', 즉 '권력의 제한을 거부하는 자유'를 주창한 인물로 평가하는 것은 잘못이다. '~에서 벗어나는 자유'란 게 도대체 무슨 의미가 있는가? 왜 벗어나고자 하는가? 그렇게 강요된 삶에서 벗어나 스스로 삶을 만들고자 함이 아닌가! 따라서 순수한 뜻에서의 '소극적 자유'는 없다. 자유는 언제나 "X는 Y에게서 자유롭게 Z를 하거나 Z가 될 수 있다(X is free from Y to do Z or be Z.)"는 형식을 띤다. 소크라테스나 예수가 그랬듯이, 진정한 자유인은 낡은 속박에서 벗어나 새로운 질서를 형성하고자 기꺼이 고달픈 현실로 뛰어드는 자다. 밀이 개별성을 강조했던 것도, 그 개별적인 인간만이 진실로 다양성들이 어울리는 세상을 이룰 수 있기 때문이다. 그러므로 밀은 나와 사회를 적극적으로 구성하고자 하는 개인의 등장을 꿈꾼 인물, 그 개인들이 발언하고 행동하는 데 무한대의 자유를 부여하는 세상을 바랐던 인물로 평가해야 한다.

물론, 밀이 그렸던 이상적인 사회의 모습은 어쩌면 부르주아 질서였을 것이다. 그 질서가 빚어낸 온갖 재앙의 징조들을 볼 때, 그의 꿈은 어쩌면 큰 한계를 지녔을 수도 있다. 그러나 이런 시대적 한계를 감안하더라도 그의 이상은 훼손할 수 없다. 그 이상은 완성된 유토피아의 모습이 아니라, 끊임없이 등장하는 소수의 개별자들이 이미 형성된 다수의 질서에 반하는 스스로의 목소리를 내어 늘 수정해 나가는 열린사회다. 그리고 개별자의 목소리에 무한대의 자유를 부여하는 한, 열린사회가 꿈만은 아닐 것이다.

따라서 우리가 현실에서 밀의 사상을 실현하는 길은 창조적 소수자의 목소리에 길을 열어주고, 거기에 귀 기울이는 것이다. 나아가 밀의 사상에 공감하는 자신부터 자기 삶을 살고, 자기 목소리를 용기 있게 내는 것이리라. 그런 점에서 다수 대중의 상식에 도발한 몇몇 사람들의 용기는 우리에게 희망을 준다. 동시에 인터넷이라는 열린 장을 억눌린 욕망을 배설하고 타인을 비방하는 곳으로밖에 사용하지 못해 '인터넷 실명제'라는 닫힌 틀을 스스로 초래하는 모습에 살짝 좌절감을 맛보기도 한다. 앞으로도 계속 이렇게 희망과 절망 사이를 넘나들어야 하리라.

밀과 함께, 밀을 넘어서

나는 밀의 '창조적 소수자'의 자유에 동의하는 편이다. 특히 우리 사회처럼 학벌, 지연, 혈연이라는 철벽같은 집단의 힘이 지배하는 곳에서는 더더욱 그렇다. 그런 점에서 나는 대중을 신뢰하지 않는다. 그들이 형성해 놓은 여론, 그들이 당연한 듯이 받아들이는 시장질서, 그들이 무의식적으로 굳히고 있는 온갖 상식과 정답에 신물이 날 지경이다. 그러면서 어느새 그 정답에 편승하는 나 자신을 발견하고는 온몸의 세포가 곤두서는 공포감에 빠지기도 한다. 나 역시 대중이었던 것이다.

그러나 이것은 불가피하다. 나는 개인으로 태어난 것이 아니라, 대중으로 태어난 것이다. 세상에 나오자마자 가족관계에 편입되었고, 학교 질서에, 직장 질서에, 시장 질서에 편입될 수밖에 없었다. 홀로 살 수는 없는 노릇 아닌가. 이것이 바로 내 존재의 근원적인 조건이다. 관계 속 존재! 바로 여기서 밀의 한계가 나온다. 그는 자유의 원천을 개별자에서 찾는다. 어느 누구도 아닌 나 자신이 자유의 토대다. 그래서 그는 자기 방식대로 사는 것 자체가 바람직하다고 주장한다. 그러나 처음부터 개별자는 없었다. 그가 꿈꾸는 자유로운 개인의 토양은 바로 그가 그토록 경계하는, 그저 그런 대중들이 만들어가는 관계망인 것이다. 이것이 자유의 원천이다. 한마디로 '관계 속 자유'다.

그의 생각을 도식화하면, '나(개별성) → 세계'다. 그가 생각하는 발상이 옳다는 근거는 어떻게 확보할 수 있을까? 결국 타인과 비교하는 가운데서만 자기정당성을 확보할 수 있다. 남보다 고귀하고 남보다 우월하고 남보다 아름답다는 자기만족 말고서 자기 생각을 밀어붙일 근거는 어디에도 없다. 이것은 일종의 나르시시즘이다.

바로 여기서 밀이 부딪혔던 온갖 문제가 나온다. 나는 남에게 피해를 입힐 의사가 없었다고 할지라도 관계의 무한성은 어떤 결과를 불러일으킬지 아무도 모른다. 지금 내가 옳다고 생각해서 발언하고 행동한 것이 이윽고는 잘못이었음을 발견하는 경우는 또 얼마나 많은가. 토론과 탐구를 거쳐 잘못을 수정하면 된다고 하더라도 사정이 크게 나아지지는 않는다. 그렇게 수정해서 받아들인 생각도 결국 판단의 근거는 '나'로 귀결되고 만다. 밀이 대중을 그토록 경멸했던 것도 그 기준이 '나'였기 때문이다. 그의 개별성은 불가피하게 모든 '아닌-나'와의 전적인 양립불가능성(셸링)이게 된다. 이처럼 그 기준을 '나'에 맞춰놓은 자유는 언제나 '나'를 타자들의 세계에 던지는 꼴이 될 수밖에 없다. 그런 한, 자유는 남을 능가한다는 생각에 저 혼자 황홀한 나르시시즘이거나, 정답을 찾아 헤매는 방황 또는 답 없는 결단일 수밖에 없다. 그것을 타인에게 강하게 요구하면, 저도 모르게 독단에 빠질 테고.

그러나 밀을 너무 독단론자로 몰아붙이진 말자. 그 역시 관계 때문에 고민했던 것이다. 모두가 나다움으로 살아가기를 간절히 바랐던 그의 진정성이 그저 그런 대중의 억압에 좌절할 때, 그의 고민은 얼마나 깊고 컸을까. 그 역시 관계 속에서 자유를 누리는 세상을 꿈꾸었기에 철벽 앞에서 작디작은 계란을 던지는 심정으로 이 글을 썼으리라. 무지한 대중 하나하나까지 자기 생각, 자기 말, 자기 삶을 살기를, 소크라테스들이기를 바라는 심정이었으리라. 다만, 그의 고민이 해결을 보려면, 결국은 답 없는 답을 대중의 삶 속에서 찾을 수밖에 없다.

당신 같으면 어느 쪽을 선택할 것인가. 나의 선택은 마을의 불빛들이다. 불빛들은 갓 핀 다알리아 꽃송이처럼 싱싱하다. 세 칸 집 안에 사는 사람들의, 꿈과 노동과 상처와 고통의 시간들의 은유이기도 하다. 아름다움보다는 쓸쓸함이, 기쁨보다는 아쉬움의 시간들이 훨씬 많았을 텐데도 그들은 말없이 불을 켜고 지상의 시간들을 지킨다. 어떤 불빛들은 밤을 새우기도 한다.(〈곽재구의 포구기행〉 열림원, 120쪽.)

이제 밀의 도식 앞에 한 가지를 덧붙이자. '세계-이웃 → 나(개별성) → 세계-이웃'. 밀의 도식과 다른 점은 '나' 앞에 '세계-이웃'이 붙었다는 점이다. 이것이 나의 출발점이면서 동시에 자유의 출발점이다. 따라서 진실로 자유로우려면, '나아감'보다는 '물러섬'을 먼저 이룰 줄 알아야 한다. 나를 있게 한 원천에 충실하자는 말이다. 나를 열어 이웃과 세계에 다가가야 한다는 말이다. 내 몸을 열어 세계를 보고, 듣고, 맡고, 핥고, 만지고, 밟아보자는 것이다. 내 마음을 열어 이웃과, 사회와, 인류와, 역사와 소통하자는 것이다.

그러나 역시 현실은 답답하다. 소통을 시도하는 것조차 벽에 부딪힌다. 따라서 '물러섬'이 주어진 관계에 충실하자는 건 아니다. 주어진 관계는 무한대의 만남을 깨뜨린다. 그리하여 '나'는 물론이거니와 '세계-이웃'마저 파괴하기 일쑤다. 그러니 자유로우려면, 무한대의 만남을 가로막는 주어진 관계를 거부할 줄 알아야 한다. 나를 채우는 개별성에서 벗어나, 나를 비워 '우리'로 물러서는 것, 이것이 자유의 출발이다. 그렇게 물러서서 무한대의 만남을 이루는 과정에서 비로소 진실로 내가 채워야 할 관계를 발견할 수 있다. 그 관계를 향해 나아가는 것이 바로 밀이 말하는 '나 → 세계'다.

노자는 "後其身而身先, 外其身而身存", 즉 "그 몸을 뒤로 하지만 앞서고, 그 몸을 바깥에 두지만 영원히 존재한다"고 했다. 나를 비워 이웃과 세계로 물러설 줄 아는 자가 진실로 세계로 나아간다. 제게 가장 어울리는 관계를 찾아 그 관계에 최대한 충실해지는 그가 진정한 자유인이다. 이제 우리는 진정한 자유인이 '나'를 주장하는 자가 아니라, 자기가 진실로 복종할 것을 찾아 그것에 최선으로 복종하는 자라는 사실을 깨닫는다.

밀은 소크라테스나 예수를 대자유인으로 받든다. 이제 따져보시라. 그들이 과연 '나'를 주장한 사람이었던가? 아니다. 그들은 자기 신념, 자기 하나님에 최상의 복종을 한 사람들이다. 그 복종이 곧 목에 칼이 들어와도 굽히지 않는 자유다. 그러므로 자유로우려는 자는 자기가 복종해야 할 관계를 찾을 일이다. 당연히 그 관계는 내가 발붙이고 사는 이 땅, 그저 그런 사람들이 하나같이 휩쓸려 있는 철의 질서 속에 있다. 그 질서의 틈바구니에서 자유의 싹이 피어나고 있다. 그 틈바구니로 물러서기, 거기서 나를, 나를 필요로 하는 관계 찾기, 그 관계로 나아가기, 이것이 자유인의 삶이다. 관계에서 관계로!

이것을 현실에 적용하면, 밀처럼 자기 목소리를 높이는 것으로 그치지 않는다. 발언권을 인정받는 것 못지않게 중요한 것은, 바람직한 관계를 구체적 현실에서 장만하는 것이다. 그것은 결국, 밀이 그리 높이 평가하지 않았던 민주주의로 귀결된다. 주어진 민주주의, 안주하는 민주주의가 아니라, 참여하는 민주주의, 스스로 만드는 민주주의 말이다. 말이 통하는 사람과 나누는 토론이 무어 그리 대단한가. 진짜 토론은 말이 통하지 않는 사람과 하는 것이다. 이 열린 소통의 장을 구체적으로 마련하는 것이야말로 밀이 꿈꾼 다양성의 사회다. 오늘날 이것은 시민사회의 네트워크로 이룰 수 있을 것이다. 이 수평적 네트워크가 대중독재에 저항하고 대중과 더불어 자유를 누릴 길이리라.

그러므로 밀이 제창한 '무한대의 자유'는 여전히 중요

하다. 적어도 열린 입으로 제 말을 하는 것만큼이라도 보장해야 한다는 말이다. 그 말이 다수에게 짓밟히는 것은, 사실상, 어쩔 수 없다. 그렇더라도 법적으로나마 표현의 자유를 열어야 한다. 짓밟히고 주리더라도 소크라테스가 되려는 자들의 길조차 막아서는 곤란하지 않겠는가. 양심적 병역 거부는 그런 점에서 우리의 가능성을 엿볼 시금석이다. 밀의 글에서 읽은 자유가 현실에서 실현될 하나의 가능성이 이제 막 봉우리를 열 모양이다.

실전 연습문제

다음 제시문을 읽고 물음에 답하시오.

(가)

사람의 경우도 그렇지만, 정치나 철학이론도 그것이 성공을 거두지 못할 때는 눈에 띄지 않다가 성공을 거두면서 그 결점이나 허점들이 발견되곤 한다. 민주 정부를 세우는 것이 꿈속에서나 가능하거나 까마득한 옛날에나 존재했던 것으로 여겨질 때는, 인민이 자기 자신에게 행사하는 권력을 제한할 필요가 없다는 생각이 자명했을 것이다. 그런 생각은 프랑스 혁명과 같은 일시적인 소용돌이 앞에서도 그다지 흔들리지 않았다. 그러나 시간이 흐르면서 지구상의 큰 땅덩어리를 차지하는 한 나라에서 민주공화정(democratic republic)이 세워졌고, 그 나라는 국제사회의 열강 가운데 하나로 떠올랐다. 그리고 선거를 통해 수립되고 인민에 대해 책임을 져야 할 정부가 하는 모든 일들이 사람들의 관찰과 비판의 대상이 되었다. 이제 '자치'나 '인민의 자기 자신에 대한 권력 행사'라는 등의 말은 문제의 본질을 정확하게 표현하지 못하는 것으로 여겨졌다.

권력을 행사하는 '인민'은 그 권력이 행사되는 대상과

늘 같은 것은 아니다. '자치'라고 말하지만, 실제로는 각자가 스스로를 지배(government of each by himself)하기보다, 각자가 자기 이외의 나머지 사람들의 지배를 받는 정치체제(government of each by all the rest)가 되고 있다. 게다가 인민의 의지라는 것도 엄밀히 말하면, 가장 많은 수를 차지하는 사람들 또는 인민들 가운데 가장 활동적인 일부 사람들, 다시 말해 다수파 또는 자신을 다수파로 받아들이도록 만드는 사람들의 의지를 뜻한다. 따라서 인민이 자신들 가운데 일부를 억누르고 싶은 욕망을 가질 수도 있으므로 다른 권력 남용 못지않게 이에 대한 주의도 게을리 해서는 안 된다.

그러므로 정기적으로 새로이 집권자가 선출되어 인민, 더 정확하게 말하면 인민 가운데 가장 강력한 집단에 대해 책임을 지게 되더라도, 정부가 개인들에게 행사하는 권력에 일정한 제한을 가하는 것은 여전히 중요하다. 이런 생각은 높은 지성을 가진 사상가들, 그리고 민주주의와 본질적으로 대립할 수밖에 없는 유럽 사회의 중요한 계급에 똑같이 파고들어 그 위상을 굳혔다. 그리고 정치 영역에서 '다수의 횡포(tyranny of the majority)'는 온 사회가 경계하지 않으면 안 될 큰 해악 가운데 하나로 분명히 인식되고 있다.

다른 권력의 횡포와 마찬가지로, 다수의 횡포도 주로 공권력 행사를 통해 그 해악이 처음 목격되었으며, 지금도 다르지 않다. 그러나 주의 깊게 관찰해 보면, 사회 자체가 횡포를 부린다고 할 때(다시 말해, 사회가 개별 구성원들에게 집단적으로 횡포를 부린다고 할 때) 그것은 정치적 권력기구의 손을 빌려 할 수 있는 행위에만 한정되는 것은 아니다. 사회는 스스로의 뜻을 관철시킬 수 있고 실제로도 그렇게 한다. 이처럼 사회가 그릇된 목표를 위해 또는 관여해서는 안 될 일을 위해 권력을 휘두를 때, 그 횡포는 다른 어떤 형태의 정치적 탄압보다 훨씬 더 가공할 만한 것이 된다. 정치적 탄압을 가하는 사람들과는 달리 웬만해서는 극형을 내리지 않는 대신, 개인의 사사로운 삶 구석구석에 침투해, 마침내 그 영혼까지 통제하면서 도저히 빠져나갈 틈을 주지 않기 때문이다.

그러므로 정치 권력자들의 횡포를 방지하는 것만으로는 충분하지 않다. 그뿐만 아니라, 사회에서 널리 통용되는 의견이나 감정이 부리는 횡포, 그리고 사회가 통설과 다른 생각과 습관을 가진 사람들에게 법률적 제재 이외의 방법으로써 윽박지르면서 통설을 행동지침으로 받아들이도록 강요하는 경향에 대해서도 대비해야 한다. 사회는 이런 방법을 통해 다수의 삶의 방식과 일치하지 않는 그 어떤 개별성(individuality)도 발전하지 못하도록 방해한다. 그리고 할 수만 있다면 아예 그 싹조차 트지 못하도록 막으면서, 급기야는 모든 사람의 성격이나 개성을 사회의 표준에 맞도록 획일화시키려고 한다. 그러나 분명히 강조하지만, 집단의 생각이나 의사가 일정한 한계를 넘어 개인의 독립성에 함부로 관여하거나 간섭해서는 안 된다. 그런 한계를 명확히 하여 부당한 침해가 일어나지 않도록 하는 것은 인간다운 삶을 유지하는 데 정치적 독재를 방지하는 것 못지않게 긴요하다.

원론적으로 보자면 이 명제에 이의를 제기하기가 어려울 것이다. 그러나 그 한계가 어디까지인지, 다시 말해 개인의 독립성과 사회의 통제 사이에서 적절한 접점을 어떻게 찾을 것인지 구체적으로 따져보면 해결해야 할 문제가 한둘이 아니다. 무엇이든지 누군가에게 가치가 있느냐 없느냐 여부는 다른 사람들의 행동에 제약을 가할 힘이 있느냐 없느냐에 달려 있다. 그러므로 행동의 규칙은 우선 법에 따라 정해져야 한다. 그리고 법이 관여하기 어려운 그 외의 일들은 다수의 생각에 따라 결정되어야 한다. 어떤 것이 이런 규칙이 되어야 마땅한지는 우리 인간의 삶에서 가장 중요하게 탐구되어야 할 문제이다.

그러나 아주 명백한 몇몇 경우를 제외하면 이 문제의 정답을 찾기란 거의 불가능하다. 게다가 시대에 따라서 답이 항상 다르다. 서로 다른 사회가 같은 답을 낸 적이 거의 없다.[…] 그러나 그런 결정을 내린 특정 시대, 특정 국가의 사람들은 다른 사람들도 오래전부터 늘 자신들과 똑같은 생각을 해왔다고 믿으며 이에 대해 추호도 의심하지 않는다. 그들은 자신이 확립한 규칙이 자명하며 누가 봐도 옳다고 여긴다. 거의 모든 사람들이 빠지기 쉬운 이런 착각은 관습이 빚어내는 가공할 만한 부작용 가운데 하나라고 할 수 있다.

사실 이 관습이라는 것은 속담 그대로 제2의 자연이다. 아니, 더 정확하게 말하면 자연을 지속적으로 왜곡하고 있다. 관습은 사람들이 만들고 지켜온 행동규칙의 타당성에 대해 전혀 의심하지 못하도록 만드는데, 관습은 이성적인 토의의 대상이 아니라는 일반적인 인식 때문에 이런 속성이 더욱 강화되고 있다. 사람들은 오래전부터 이것은 이성보다는 감정의 문제이며 따라서 이성은 필요하지 않다고 믿어왔다. […] 그러나 어떤 행동을 둘러싼 이견이 이성의 뒷받침을 받지 못한다면, 그것은 특정 개인의 선호(preference)에 지나지 않는다. 그리고 이성의 뒷받침이 있다 하더라도 그 이성이란 것이 다른 사람들의 비슷한 선호에 대한 호소에 불과하다면, 그것은 여전히 한 사람 대신 여러 사람의 마음에 맞춰서 행동하는 것과 다를 바 없다. […]

어떤 한 계급이 부상하는 곳에서는 어디든 그 계급의 이익과 계급적 우월의식이 그 사회의 도덕률을 크게 좌우한다. […] 사람들에게는 세속의 권력자 또는 신이 좋아하거나 싫어할 것이라고 생각되는 바를 맹목적으로 추종하는 노예근성 같은 것이 있다. 이것은 법이나 여론이 특정 행동을 촉구하거나 금지시키는 행동규칙을 결정하는 또 다른 중요한 기준이 된다. 이 노예근성은 이기심을 근본으로 하고 있으나 위선적이라고는 할 수 없다. 그것은 마술사나 이단자를 화형에 처하는 것과 같은 극단적인 증오심을 낳는다. 한 사회의 도덕 감정이 형성되는 데는 여러 요소들이 핵심적으로 작용한다. 특히 그 사회 전체가 크게 의미를 부여하며 중요하게 여기는 것들이 당연히 중요한 영향을 미친다. 그러나 면밀히 따져보면 그런 이해관계 속에서 생겨나는 공감과 반감이 더 큰 영향을 미친다고 할 수 있다. 그리고 사회의 이해관계와 그다지 또는 전혀 상관이 없는 공감과 반감 역시 그에 못지않게 중요한 영향을 미친다. 따라서 사회가 좋아하는 것과 싫어하는 것, 또는 사회를 움직이는 중요한 세력이 실질적으로 규칙을 만든다. 사람들은 법을 지키지 않을 때 따르는 처벌이 두려워, 또는 여론의 힘에 밀려 그 규칙을 준수하게 된다.

(나)

오늘날 불복종 문제는 결정적인 중요성을 갖는다. 성서에 따르자면 인류의 역사는 아담과 이브의 불복종 행위로 시작되었고, 또 그리스 신화에 따르면 인류 문명은 프로메테우스의 불복종 행위로 비롯되었다. 이제 인류의 역사가 복종 행위로 종말을 고하게 되리라는 예상도 있음직하다.

즉 '국가의 주권', '민족의 영예', '군사적 승리' 등의 낡고 맹목적인 열광에 스스로 복종함으로써, 그리고 자신과 자신의 맹목적인 열정에 복종하는 사람들에게 죽음의 단추를 누르도록 명령하는 권위들에 복종함으로써 인류 역사가 막을 내릴지도 모른다는 예측은 그다지 근거 없는 것만도 아니다.

여기서 우리가 사용하고 있는 불복종의 의미는 이성과 의지에 대한 확증의 행위다. 이것은 원초적으로 무엇에 '맞서는(against)' 것이 아니라 무엇을 하고자 '향하는(for)' 태도다. 즉 볼 수 있고 본 것을 말할 수 있고 보지 않은 것은 이야기하기를 거부할 수 있는 인간의 능력을 향한 행위다. 그러나 그렇게 하기 위해서 반드시 공격적이 되거나 반란자가 될 필요는 없다. 다만 자신의 눈을 크게 뜨고 완전히 깨어나서 아직도 반수 상태에 있어 멸망할 위험에 빠진 사람들의 눈을 뜨게 해줄 책임을 기꺼이 떠맡을 필요는 있다.

칼 마르크스는 "신들에게 복종하는 노예가 되느니 차라리 바위에 쇠사슬로 묶여 있겠다"고 말한 프로메테우스야말로 모든 철학자의 수호신이라고 언젠가 말한 적이 있다. 이것은 삶 자체의 프로메테우스적 기능을 새롭게 하는 데 있다. 마르크스의 말은 철학과 불복종의 연계 문제를 매우 명확하게 지적하고 있다. 대부분의 철학자는 그 당시의 권위에 불복종하지 못했다. 소크라테스는 죽음으로써 권위에 복종했고, 스피노자는 권위와의 투쟁을 통해 자신을 찾으려 하기보다는 교수의 자리를 사양했고, 칸트는 충성스런 시민이었으며, 헤겔은 만년에 가서는 젊은 시절의 혁명적 정열을 국가의 영광과 바꿨다. 그러나 이런 사실에도 불구하고 프로메테우스는 그들의 수호신이었다. 사실 그들은 강의실에 남아서 연구에 몰두하려고 했을 뿐, 현실에 참여하려 하지는 않았다. 그러나 철학자로서의 그들은 전통적인 사상과 개념들, 그리고 이미 믿고 있고, 가르쳐지고 있는 진부한 사상에 대해 불복종했다. 그들은 어둠 속에 빛을 가져왔고 반수 상태에 있는 사람들을 일깨웠으며, 그들은 감히 알려고 했다.

철학자는 이성과 인류에 복종하기 때문에 진부한 사상이나 여론에 불복종한다. 이성을 따르는 철학자가 세계 시민인 것은 이성이 전 인류에 보편적이며 국경을 초월한 것이기 때문이다. 이 사람 혹은 저 사람, 이 국가 혹은 저 국가가 아니라 인간만이 그의 목적이다. 그가 태어난 곳이 아니라 세계가 그의 조국이다.

(다)

복종

　　남들은 자유를 사랑한다지마는

나는 복종을 좋아하여요.

자유를 모르는 것은 아니지만
당신에게는 복종만 하고 싶어요.

복종하고 싶은데 복종하는 것은
아름다운 자유보다도 달콤합니다.
그것이 나의 행복입니다.

그러나 당신이 나더러
다른 사람을 복종하라면
그것만은 복종할 수가 없습니다.

다른 사람을 복종하려면
당신에게 복종할 수가 없는 까닭입니다.

(라)

국방부, 종교·양심적 병역거부자 대체복무 추진

국방부는 2007년 9월 18일 "종교적 사유 등에 의한 병역거부자에 대해 대체복무를 허용하는 방안을 추진하기로 하였다"고 밝혔다.

　　이날 오전 10시 15분 서울 용산 국방부 브리핑 룸에서 국방부 권두환 인사기획관은 "전과자를 양산하는 현 제도는 어떠한 방법으로든 개선되어야 한다는 현실적 필요성을 감안하고, 병역제도 개선에 따른 사회복무제도 도입과 연계하여 대체복무 허용방안을 전향적으로 검토하게 됐다"며 이같이 말했다.

　　종교적 사유 등에 의한 병역거부자의 대체복무는 '사회복무제도' 범주에 포함하여 추진하며, 복무방법 및 기간도 출퇴근 없이 해당복무시설에서 합숙을 하면서 현역병의 2배 수준으로 추진될 계획이다.

　　즉, 현역병 복무기간이 24개월에서 18개월로, 공익근무요원 등 일반 사회복무자가 26개월에서 22개월로 단축되고, 공중보건의 등 최장기 대체복무 기간이 36개월임을 고려해, 현역병 18개월의 2배인 36개월이 적절하다는 것이 국방부의 판단이다.

　　복무분야는 24시간 근접보호가 필요한 치매노인이나 중증장애인 수발과 같이 사회복무자 배치분야 중에서 난이도가 가장 높은 분야가 고려되고 있다.

　　이와 관련 권 인사기획관은 "소록도 한센 병원 등 사회복지시설을 현장 답사했다"며 "이는 형사처벌을 받을 만큼 특별한 신념 없이는 그런 업무를 하기 어렵다는 판단을 내렸다"고 밝혔다.

현재 복무대상 기관으로는 전남 소록도의 한센 병원, 경남 마산의 결핵병원 등 재활·정신병원 등 특수병원 9개소(4,500병상)와 국공립 노인전문요양시설 200여 개소가 대상지로 검토되고 있다.

현역, 예비군 복무중 병역거부자는 이번 대상에 포함되지 않으며, 대체복무를 이행한 이들도 복무만료 후 예비군 훈련시간에 상응하는 사회봉사 의무를 부여할 방침이다.

그는 "국민적 합의가 전제되어야 한다"고 강조하면서, '공론화 과정을 거쳐 국민의 지지를 얻게 되면 시행방안을 작성하고 사회복무제도 법령을 정비할 것'이라며 2008년도 말까지 법 정비를 마치고 단계적으로 추진할 계획이라고 전했다.

이어 "사회복무제도 도입 결정 이후 종교적 병역거부자의 대체복무에 대하 국민적 찬성 여론이 증가하고 있다"고 밝혔다. 찬성여론은 05년 7월 23.3%, 06년 8월 39.3%, 07년 7월 50.2%로 빠르게 증가하고 있다.

아울러 '병역의무를 거부할 수 있는 권리를 인정하는 것이 아니라, 국민적 합의를 전제로 사회복무제도 내 하나의 복무분야로서 대체복무를 허용하는 것'이라고 강조했다. 현재 병역거부자는 최근 5년간 총 3,761명으로, 연평균 752명에 달하는 이들이 종교적 양심적 병역거부로 수감생활을 하고 있다.

[논제 1]

제시문 (가)의 핵심 요지를 400자 내외로 요약하시오.

[논제 2]

제시문 (나)의 핵심 논지를 근거로 제시문 (다)의 시를 해설하시오.(700자 내외)

[논제 3]

제시문 (라)에서 드러난 '양심에 따른 병역 거부'를 둘러싼 사회적 변화를 설명하고, 나머지 제시문들을 참조하여 '개인적 자유와 사회적 의무의 관계'에 관한 자신의 생각을 논술하시오.(700자 내외)

〈 2004 서강대 논술고사 문제 〉

〈유 의 사 항〉

1. 띄어쓰기 포함 1,600자 내외로 쓸 것(±160자 허용).

2. 제목은 쓰지 말고 본문부터 시작할 것.

3. 수험번호, 성명 등 자기의 신상에 관련된 사항을 답안에 드러내지 말 것.

4. 한 편의 완성된 글이 되게 할 것.

5. 어문 규범을 지킬 것.

[문제]

제시문 (가)와 (나)에는 오늘날 우리 사회의 공통적 문화 현상에 대한 상이한 두 가지 견해가 나타나 있다. 이에 대한 자신의 견해를 (다)를 토대로 하여 논술하라.

(가-1)

최근에 나타난 현상인 블로그(blogs: weblogs에서 유래)는 자체 발표하는 웹 검색 일지이며, 일종의 개인적 온라인 일기이다. 블로깅 소프트웨어 덕분에, 누구든지 간단한 웹사이트를 쉽고 자주 갱신할 수 있게 되었다. (중략) 블로그는 규칙적으로 갱신되고, 좋아하는 사이트로 이동할 수 있는 링크를 포함하며, 하나의 주제나 관심거리에 집중하고, 언급된 사이트에 대한 논평을 포함한다. 블로그는 때로는 일기 같고 때로는 팬이 제작한 잡지 또는 하부 문화에 대한 색인(索引) 같다. 거의 모든 블로그가 관련 있거나 좋아하는 블로그의 목록을 포함하고 있으며, 공동체가 형성될 수 있게 해주는 링크에 대해 '토론한다'. 비슷한 관심거리에 관한 블로그의 무리가 자체 조직되고 취향이 비슷한 사람끼리 모인 공동체가 토론을 통해 자발적으로 생겨난다. (중략) 블로그를 하는 사람들은 쟁점들을 서로 다른 대중을 위해 재구성하고, 모든 사람들이 발언할 기회를 갖고 있다는 것을 증명할 것이다. 우리들은 가상공간을 통하여 직업적인 작가, 예술가, 방송 언론인이 아니더라도 다른 사람들에게 자신의 생각을 말할 수 있게 되었다. 모든 사람들이 이제는 출판업자나 방송인이 될 수 있다. 다자간 통신매체는 대중적이고 민주적이라는 것이 증명되었다.

—하워드 라인골드 〈참여 군중〉

(가-2)

가상공간에서 우리들은 다른 사람에게 자신의 생각을 전달하기 위하여 자신이 말하고자 하는 바를 잘 알 필요도, 예의를 지키며 조리 있게 대화해야 할 필요도 없다. 유즈넷의 역사가 그 증거이다. 혐오스럽고 짜증나는 의견을 내놓는 사람들, 거칠고 속된 언어를 사용하는 사람들, 또는 의사전달 능력이 거의 없는 사람들 때문에 토론이 불쾌해지곤 한다. 그들만 아니었다면 대다수 참여자들에게 유익한 토론이 되었을 것이다. 어떤 사람들은 다른 사람들의 관심에 대단히 집착하고 그것이 부정적인 관심이라 하더라도 개의치 않는다. 또 어떤 사람들은 익명성이라는 방패를 사용하여 자신들의 호전성, 편협함, 가학적인 충동을 마음껏 표출한다. 온라인 상의 대화에서 싸움을 즐기는 사람, 약한 자를 괴롭히는 사람, 고집불통, 돌팔이, 아무것도 모르는 사람, 그리고 괴짜의 존재로 말미암아 공유지(共有地)의 딜레마라는 고전적인 비극이 발생한다. 만약 지나치게 많은 사람들이 다른 사람들의 관심사에 도달할 수 있는 공개된 통로를 이용한다면, 과다한 무임 승차객들이 그 대화를 가치 있게 만드는 사람들을 몰아내는 셈이 될 것이다.

—하워드 라인골드 〈참여 군중〉

(나-1)

문: 피의자의 작품을 청소년들을 비롯한 피의자의 작품 세계를 이해하지 못하는 일반인들이 읽는다면 어떠한 영향을 받을 것으로 생각하는가요?

답: 만일 청소년들이 저의 작품을 읽는다면 매우 좋지 않은 영향을 받을 것으로 생각합니다. 그러나 저의 작품은 성인들을 대상으로 쓰인 작품이기 때문에…

문: 지금 여고생이나 여중생의 임신이 문제가 되고 있을 정도로 성의 무방비 상태에 있는 미성년자들이 이 소설과 같은 음란한 내용의 책을 본다면 어떠한 일이 일어날지 생각해 보았는가요?

답: 미성년자들이 저의 소설을 읽는다면 분명히 좋지 않은 영향을 받을 것이라는 사실은 인정합니다. 그러나 굳이 저의 소설이 아니더라도…

—소설의 음란성 여부에 대한 검사와 작가의 문답

(나-2)

　육체를 성적(性的)인 맥락에서 성적인 자극과 흥분상태를 드러내는 방식으로 다루는 것이 외설이라고 한다면, 예술이 그와 같은 표현형식을 사용할 때는 분명히 예술도 외설이 아닐 수 없다. 일반적으로 하나의 고정관념으로 고착화된 '예술이 아니면 외설'이라는 식의 개념정리는 그런 의미에서 잘못된 것이다.

　육체는 성적으로 다루어질 자유를 가지며, 예술을 포함해서 사회의 모든 외설적 성 표현물을 모조리 금기시할 수는 없다. (문제가 되는 것은) 범죄적 수준의 반사회성을 띠는 경우에 해당하는 성 표현물들로 국한된다. 이 점에서 외설과 형법에서 말하는 '음란'은 의미가 달라진다.

　소설은 법이 보호하는 예술의 자유의 보호영역에 속하고, 예술은 존재 그 자체로서 사회적 가치를 지닌다. 예술은 현실을 반성하고, 현실의 보이는 것 그대로를 회의하고 정체를 뒤집어 보는 실험의 성격을 갖고 있으므로, 예술적 실험은 본질적으로 기존 가치, 질서와의 충돌을 내포할 수 있다. 이것이 예술이 지니는 하나의 본질적 기능임을 받아들여야 하고, 예술은 사회에 대한 부정으로서의 사회적 가치를 지닌다.

—위 작가에 대한 변론에서

(다)

　　우리는 인간의 태도를 '거리감*' 유지의 능력으로 특징 지을 수 있다. 인간은 사물을 직접적으로 본능에 얽매여 경험하지 않기 때문에 이 사물과의 거리와 간격을 유지할 수 있다. 이로써 인간은 스스로 자연적이고 본능적인 본질을 초월하는 존재로서, 자기 자신에 대해서까지도 거리와 간격을 유지할 수 있게 된다. 이로써 인간은 더 높은 위치와 더 넓은 시야를 획득하게 된다. 이때 비로소 사물 자체의 고유한 존재와 의미 안에서 사물에 대한 정확한 파악과 이해가 가능하게 된다. 오로지 인간만이 하나의 의미 형태를 파악할 수 있고, 의미 내용을 이해할 수 있는 능력을 소유하고 있다. 인간만이 자신의 결단을 필요로 하는 가치의 요구에 직면하고 있다. 그리고 인간만이 자신의 행위를 통하여 세계를 형성할 수 있으며, 목표를 설정할 수 있고, 사물을 파악하고 사용할 수 있으며, (기존의) 가치를 실현하고 (새로운) 가치를 발견할 수 있으며, 문화의 세계를 창조할 수 있다. 그러므로 인간의 세계는 결코 완성된 세계도 고정된 세계도 아니다. 인간의 세계는 끊임없이 확대되고 계속 형성되어야 할 열려 있는 세계이다. '세계 개방성'은 인간이 세계를 향해 개방되어 있다는 사실과 인간의 세계가 개방되어 있다는 사실을 의미한다.

　　註* 인간은 환경에 얽매여 있는 동물과는 달리 환경에 대해 일정한 거리감을 유지함으로써 환경에 맞서 환경을 지배한다.

막스 쉘러(M. Scheler)는 이런 인간의 능력이 인간의 '정신'으로부터 비롯되었다고 주장한다.

(중략)

여기서 인간 행동의 기본 구조로서 나타나는 것은 직접 주어진 바로부터의 지양을 의미하는 '중재된 직접성*' 그리고 자발적인 중재를 의미하는 중재된 직접성이다. 이 중재된 직접성은 그 근본에 있어서 우리가 '자유'라고 부르는 바 바로 그것을 의미한다. 바로 여기에서 우리는 자유의 원초적인 본질에 도달하게 된다. 우리는 이러한 자유를 '기본 자유'라고 한다.

(중략)

인간의 자유는 절대적인 자유가 아니라, 상대적이고 조건 지워진 자유이다. 인간의 자유는 이미 인간의 유한한 본질에 의해 그리고 구체적이고 역사적인 상황에 의해 제약받고 있다. 이 구체적이고 역사적인 상황 안에서 인간은 각각 제한된 가능성들과 대결해야 하고 결단을 내려야 한다. 그뿐만 아니라 인간의 자유는 인간의 자유로운 결단에 당위와 가치의 규범이 미리 주어져 있다는 의미에서 또한 제

---

* **중재된 직접성**: 인간의 세계는 근본적으로 인간의 정신 작용을 통하여 반영된 세계라는 것을 의미한다.

한된 자유이다. 그러므로 인간의 자유는 의미가 없는 자유가 아니라 오히려 선(善)의 인정과 실현 안에 발생하는 의미 있는 자기 발전이다. 자유는 선과 존재 당위에 예속되어 있다. 바로 여기에서 인간의 자유는 참된 의미를 갖게 된다.

(중략)

이렇듯 인간의 자유는 근본적으로 인간 현존재의 본질을 구성하는 기본 요소이다. 개별적인 결단이 자유로운 선택 안에서 발생한다면, 이 결단은 그 가능성의 조건으로서 자유를 전제한다. 이 자유를 통하여 우리의 현존재는 근본적이며 본질적으로 자유롭게 된다. 기본 자유는 선택의 자유를 조건 지우면서 선재(先在)하고 있다. 이 기본 자유는 우리의 전체 행동이 자연의 예속성으로부터 해방되고 자기 처리에 책임을 지는 한, 우리의 전체 행동을 규정짓는다. 기본 자유를 통해 질료적이고 감각적인 속박으로부터 벗어나 존재의 개방성 안으로 자유롭게 되는 정신적 인식이 비로소 가능하게 된다. 다른 한편 기본 자유는 가치와 가능성들에 대한 정신적 인식을 통해 구체적인 선택에 대한 분명한 결단을 중재한다. 이 선택이 의식적인 자기 처리와 자기 규정을 의미하면 할수록, 그리고 우리의 자존의 중심으로부터 혼신의 노력으로 참된 책임 아래 완성되면 될수록 인간의 자유는 더욱더 실현되고 발전된다.

—에머리히 코레트 〈인간이란 무엇인가〉

미국에서 1억부 이상 판매된 기적의 논술가이드
클리프노트가 한국에 상륙했다!!

방대한 고전을 하루만에 독파하는 스피드
다락원 명작노트 **CliffsNotes™** 시리즈는

▶ 미국대학위원회, 서울대, 연·고대 추천 고전을 알기 쉽게 재구성한 대한민국 대표 논술교과서입니다. ▶ 작품의 핵심내용과 사상, 역사적 배경, 심볼, 작가의 의도 등을 명확하게 정리하여 방대한 원작을 쉽고 빠르게 이해할 수 있게 해줍니다. ▶ 미국에서 리포트, 논술용으로 1억 부 이상 팔린 초베스트셀러의 명성에 비평적 사고와 논리적 글쓰기의 모델을 제시하는 〈一以貫之〉의 논술 노트를 통해 사고 능력, 읽기 능력, 쓰기 능력을 체계적으로 길러줍니다.

★ 〈一以貫之〉 논술연구모임: 대입 논술이 시작될 때부터 학원과 학교에서 논술을 가르쳐온 전문가들의 모임입니다. 현재 서울·분당·평촌·인천·광주·부산·울산 등의 유명 학원과 고등학교의 논술강의 현장에서 학생들이 '자신의 물음'과 '자신의 생각'을 갖고 '자신의 글'을 쓸 수 있도록 도와주고 있습니다.

다락원 **명작노트 CliffsNotes™** 시리즈 50권 출간

001 걸리버 여행기   002 동물농장   003 허클베리 핀의 모험   004 호밀밭의 파수꾼   005 구약 성서

006 신약 성서   007 분노의 포도   008 빌러비드   009 이반 데니소비치의 하루   010 카라마조프 가의 형제들

011 순수의 시대   012 안나 카레니나   013 멋진 신세계   014 캉디드   015 캔터베리 이야기   016 죄와 벌

017 크루서블   018 몽테크리스토 백작   019 데이비드 코퍼필드   020 프랑켄슈타인   021 신곡

022 막대한 유산   023 햄릿   024 어둠의 심연 外   025 일리아드   026 진지함의 중요성   027 제인 에어

028 앵무새 죽이기   029 리어 왕   030 파리대왕   031 맥베스   032 보바리 부인   033 모비딕

034 오디세이   035 노인과 바다   036 오셀로   037 젊은 예술가의 초상   038 주홍 글씨   039 테스

040 월든   041 워더링 하이츠   042 레미제라블   043 오만과 편견   044 올리버 트위스트   045 돈키호테

046 1984년   047 이방인   048 율리시스   049 실낙원   050 위대한 개츠비